Progetto editoriale F. C. Internazionale, Milano

A cura di
Susanna Wermelinger

Ha collaborato
Roberto Scarpini

Fonti
www.inter.it, Inter channel

Redazione Skira editore
Rossella Rosciano
Valentina Pagani Donadelli

Progetto grafico La Sterpaia

Direttore creativo
Oliviero Toscani

Direttore artistico
Roberto Carra

Grafici
Eugenio Evangelista, Andrea Todaro

Fotografie e immagini
Archivio F. C. Internazionale;
Luca Lussuoso - LaPresse; Jonathan Moscrop
- LaPresse; Alessandra Tarantino - LaPresse;
AFP PHOTO / Filippo Monteforte / Grazia
Neri; © Valentino Pennicino / Grazia Neri;
le immagini di Inter Campus
sono di Franco Origlia

Ricerca iconografica
Paola Lamanna

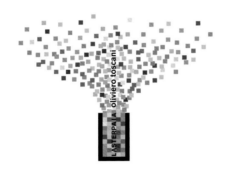

101 INTER
DAL CENTENARIO AL 17º SCUDETTO

SKIRA

E VENNE L'ANNO 101

Il 3 giugno del 2008 ad Appiano Gentile fa caldo. È un paese del comasco, quarantacinque minuti di macchina da Milano, come tanti, solo che fra tanti è il solo che ha nel suo territorio il campo d'allenamento dell'Inter. È stato intitolato ad Angelo Moratti, in altre parole, è stato dato alla storia come una leggenda, una delle poche leggende vere, riscontrabili ovunque. Su quel campo, in tarda mattinata, si sta affacciando José Mourinho, il nuovo allenatore dell'Inter. Ha spalle imponenti come palmarès. Praticamente è un uomo che ha saputo vincere ovunque sia stato chiamato. Vincere dal nulla. Non era molto il Porto, e non era molto di più il Chelsea, prima di lui. In questo 3 giugno, il giorno prima è stato come sempre festa nazionale, è c'è stato un week-end lungo: Mourinho arriva in un clima di vacanza. Nei telegiornali è passato un palinsesto in cui il caldo è un nemico (ovvio), il gelato una statistica (si mangia, ma quale gusto raccoglie più consensi?), José Mourinho una variabile impazzita.

Lo sarà sempre. Non proprio impazzita, ma sicuramente notevole. Arriva consapevole di trovare un'eredità calcistica. Mourinho la sancirà al suo primo trofeo, la Supercoppa, dichiarando che la deve a Roberto Mancini. Ma qui, siamo già andati molto oltre il 3 giugno. Mourinho – definirlo lo "Special One" fa ormai parte della retorica dello spettacolare circo mediatico del pallone – sta davvero ereditando qualcosa di molto pregevole. 101 anni e non li dimostra. Tanti ne ha l'Inter. Solo che a differenza dei compleanni consueti, qui le stagioni vagano a cavallo di due anni. Si potrebbe definire la storia che vi stiamo raccontando, come la *Carica dei 101*: ma l'ha già fatto Walt Disney e i cuccioli di dalmata erano bianconeri. Per cui, è fuoriluogo. Ma questo è davvero l'anno 101, e comincia con Roberto Mancini. Ha portato a casa tre scudetti. il primo, deciso da Calciopoli. Il secondo conquistato a botta di vittorie e record, mentre l'Italia "gufante" ricordava che la Juventus non c'era, senza neanche l'ombra di un *mea culpa* bianconero. Se non c'erano, il motivo era chiarissimo, se il Milan partiva con

lo svantaggio, la ragione era precisa. Il terzo, è in regola. Ma con l'ansia in gola. I giocatori in questo terzo scudetto di fila devono aver stretto un patto di ferro con se stessi. Hanno disegnato un percorso di vittorie, l'hanno plasmato, ma non è che Mancini non ci fosse. C'era. Un uomo notevole, schivo, sicuramente uno che è stato un grande campione. Nato a Jesi. Reso itinerante adolescente dal destino delle grandi stelle del calcio. Ce l'aveva dentro. Era un campione, e campione l'abbiamo visto in campo, in sede, sempre quell'Appiano Gentile, provincia di Como, centro "Angelo Moratti", e non lo dimenticava in allenamento. Non lo sa nessuno dove risieda il DNA di un campione, ma se l'era portato appresso e con lui, amici-collaboratori: Fausto Salsano, Sinisa Mihajlovic, Ivan Carminati, Giulio Nuciari, altri ad aggiungersi.

Diciamo che Mancini è un grande. Il "grande" ha affrontato la stagione 2007/2008, quella del Centenario che sconfinerà nel centounesimo anno di età, con una compagine eccellente, ma eccellente sarà anche il numero di infortuni. Lui dovrà spianare il campo a forza di sostituzioni. Non ha alleati, e non li avrà Mourinho. L'Inter è tradizionalmente una squadra senza alleati, anche se il calcio ha molti alleati, superstiti di Calciopoli, oppure veline dei gruppi editoriali che confinano con le proprietà calcistiche. La stagione inizia a fine agosto, con un pareggio. Bisogna aspettare la seconda giornata per vincere, contro l'Empoli Zlatan Ibrahimovic firma una doppietta. Esattamente come succederà un anno dopo, la stagione inizia con un destino annunciato, vincere.

Per tutti è necessaria la conferma di quello successo l'anno prima, che a sua volta deve confermare quello sancito dalle autorità calcistiche l'anno precedente. A San Siro, contro il Catania, l'Inter vince ancora, si rivede in campo Adriano, poi pareggia con il Livorno, strapazza la Sampdoria, all'Olimpico stende la Roma con quattro reti: Ibra, Crespo, Cruz e Cordoba. Dopo una prima mezz'ora passata a prendersi le misure fra grandi del calcio, la

Roma si perde e Ibra batte il rigore che apre una danza forsennata su quella che viene individuata come l'anti-Inter ideale. È ancora vittoria contro il Napoli, la Reggina, ma è pareggio con il Palermo. Saranno quattro le reti con cui si affonda il Genoa, e il 4 novembre va in scena all'Olimpico di Torino Inter-Juventus. Va in scena attesa da tutti, è la grande sfida ritrovata, dovrebbe essere per una e per l'altra squadra la riaffermazione di se stessa, una esce dalla serie B, l'altra dallo scudetto record. Invece sarà un pareggio, uno a uno, rete di Julio Cruz che fa sperare, rete di Camoranesi al secondo tempo che chiude i giochi.

Ma sarà anche l'eco del livore accumulato a Torino. La curva ulula insulti, il pullman nerazzurro è arrivato a stento, Nedved azzoppa Luis Figo, quell'unico punto, in mezzo a una baraonda spaventosa, sembra restituirle il ruolo, almeno negli almanacchi, di partita "normale", ammesso e non concesso che possa mai essere definita così.

A botta di tre punti, l'Inter trascorre un novembre caldissimo. Due a uno con l'Atalanta in casa, due reti alla Fiorentina, altra avversaria annunciata come rivale di pregio, in un giorno in cui Cesare Prandelli scende in campo con le lacrime agli occhi, ha appena perso la compagna di una vita, Manuela, una circostanza incredibile, l'anno prima ad avere le lacrime agli occhi era stata l'Inter, che all'inizio di settembre aveva perso Giacinto Facchetti. Qui, Olivier Dacourt esce dal campo, e il verdetto del giorno dopo sarà spaventoso.

Poi, tre reti alla Lazio e quattro al Torino. Mancano tre settimane a Natale. A Cagliari non c'è storia, altre due reti, e l'apoteosi arriva il 23 dicembre. Derby. Inter-Milan. Senza Adriano e alla luce del giorno. Ore quindici. Tutto esaurito. Al diciottesimo del primo tempo segna Andrea Pirlo. Gelo a San Siro. Sugli spalti il pubblico sente un freddo pazzesco, che non ha nulla a che fare con l'inverno. Sul campo la squadra sente freddo anche lei, ma nel senso nobile del "sangue freddo". Non batte ciglio. Si dirà poi che il Milan non ha giocato granché

bene, ma è un errore. È l'Inter a giocare benissimo. Julio Cruz segna, San Siro sogna. Ed Esteban Cambiasso firma il due a uno. L'Inter si augura Buon Natale nel migliore dei modi, con un'unica preoccupazione, ha perso Walter Samuel. Questa è la stagione degli infortuni, anche gravi. Arriva la pausa, e si riprende il 13 gennaio, con il Siena è ancora vittoria, come con il Parma, la frenata arriva a Udine, uno zero a zero.

A febbraio, si vince con l'Empoli, con il Catania, col Livorno e si pareggia con la Sampdoria. E sarà pari anche nella grande sfida annunciata contro la Roma, seconda in classifica a nove punti di distanza, partita giocata in dieci, non è la prima, reti dei capitani, Totti al trentottesimo del primo tempo e Zanetti al quarantesimo del secondo. E questa, di Zanetti, lui non lo sa ancora, sarà una rete decisiva per il futuro. Al momento, lui si accontenta di segnare, ma accontentarsi non fa bene all'Inter, ci sono teste basse e come se fosse una specie di destino annunciato, il 2 marzo, il Napoli al San Paolo firma la prima, vera sconfitta della stagione. Rete di Zalayeta. A fare davvero la conta, è una stagione difficile, in cui le sostituzioni fioccano per indisponibilità, in cui Mancini

deve reinventare e riformare, una stagione in cui la Champions ha giocato un ruolo pesante. Tutto bene nel primo girone, ma al sorteggio è stato pescato il Liverpool. Il 19 febbraio, allo stadio di Anfield Road, l'Inter lascia sul campo la vittoria e un altro protagonista. C'è il tutto esaurito, tremila tifosi nerazzurri sono arrivati dall'Italia. In undici si gioca solo per mezz'ora, poi Marco Materazzi viene espulso, senza avere troppe colpe. Ma il peggio deve ancora arrivare, perché è un'Inter di resistenza, lo sarà fino a che Ivan Cordoba non uscirà in barella. Qui, la partita si chiude, rete di Kuyt al quarantesimo e di Gerrard allo scadere. La partita di ritorno, in cui rimontare, si giocherà tre giorni dopo le celebrazioni del centenario. Il Centenario quindi ha sue dinamiche faticose – dal punto di vista agonistico – e perfette – dal punto di vista del calore del pubblico –, e arriva a celebrarsi quando si sta ragionevolmente uscendo dalla Champions League e irragionevolmente ancora ci si spera. Il calcio è così, una splendida miscela emotiva, fra realismo e passionalità.

Cento anni che scadono il 9 marzo a mezzanotte, ma si fa uno "sconto" di poche ore, perché c'è Inter-Reggina e lo stadio è all'apice

della festa. È un bellissimo Centenario. Ha tutte le luci di quello che celebri in cento anni. Arrivano stelle dal passato e ritratti del presente. Duecentocinquanta eterni ragazzi con i capelli più o meno bianchi, come erano e come sono, facce note, a volte rese ignote dalla resa dei conti dell'età, abbracciano in campo allo stadio "Meazza", per tutti San Siro, il presidente Massimo Moratti, figlio di Angelo.

Adriano Celentano canta, ma non aveva mai cantato così, solo, in mezzo a uno stadio, anzi duetta con il presidente, è un'immagine unica. Celentano è un campione, arte della musica e arte del pallone. C'è differenza? È arte, un modo di entrare nell'anima.

L'anima di chi ha seguito l'Inter prende quota, la partita è stata vinta, due reti alla Reggina, le prime parole, sotto un fascio di luce che brilla nel buio, sono di Gianfelice Facchetti.

"Hanno scelto per noi i colori del cielo e della notte. Cento anni dopo li ringraziamo ancora per aver fondato l'Internazionale Football Club". Continuerà a commuovere, fermo in mezzo al campo, professione autore e attore di teatro, ma qui, solo il figlio, il tifoso, solo un giovane uomo che si chiama Facchetti, che si unisce a uno stadio intero e la commozione sarà anche sua, sarà di tutti quelli che non dimenticano. L'Inter non lo farà mai.

E poi ci sarà un'enorme torta in piazza del Duomo, una festa di popolo, un popolo nobile, leale e poi altri festeggiamenti, e tutti, dal più bravo dei giocatori al tifoso anonimo, avranno la stessa, identica sensazione di essere orgogliosi di quei due colori, del cielo e della notte.

Arrivano ragazzi dei migliori settori giovanili d'Europa a celebrare i cento anni al centro sportivo "G. Facchetti", gli svizzeri celebrano al Consolato una festa che sentono un po' loro, in fondo i fondatori erano per lo più svizzeri, in un anno, il 1908, che vedeva un curioso fenomeno di emigrazione verso Milano.

L'11 marzo, tre giorni dopo, si gioca quel ritorno di Champions contro il Liverpool e ci si crede. Ma le cose si ripetono. Burdisso lascia la squadra in dieci all'inizio del secondo tempo e dopo poco più di dieci minuti, Fernando Torres segna. Fine della storia europea di questa stagione, probabilmente, fine anche di qualcos'altro. È tardi, quando Roberto Mancini, in conferenza stampa, annuncia che a giugno lascerà. Lo fa con un *coup de théâtre* che non gli è abituale, lo fa affidando alla stampa, di cui non è mai stato particolarmente amico, un messaggio che piomba

come un macigno, una meteora pesante, su tutti: giocatori, collaboratori e sul presidente. La squadra ne esce apparentemente indenne, vince con il Palermo la giornata successiva, ma qualcosa ha scosso tutti. A Marassi, pareggia, e nel freddo intenso di quella ventinovesima giornata fa letteralmente la conta di chi può giocare e di chi no, ancora di più, di chi può giocare, ma deve stringere i denti per farlo. La Juventus a San Siro, il 22 marzo, batte l'Inter per due a uno. Sembra lontana la squadra di Natale, adesso è tempo di uova di Pasqua, con una manovra di azzardo puro, Mancini immette Maniche in campo, che segna, ma la sconfitta con l'eterna rivale di sempre fa riaffacciare spettri antichi, scudetti persi all'ultimo, insomma accende gli incubi. È solo pari con la Lazio, si torna a vincere con l'Atalanta e nuovamente con la Fiorentina. All'Olimpico di Torino l'Inter batte la squadra del Toro e si rimette a sei punti di distacco dalla Roma, vince con il Cagliari e arriva il giorno del derby. Casa Milan. Derby al contrario. In tutto. Anche nel risultato. Succede tutto nel secondo tempo, due reti rossonere e un Cruz che non si arrende. È il 4 maggio. I "gufi" si agitano, lo fanno sempre quando le date ricordano il 5 maggio, e non per via di Napoleone. La Roma soffia sul collo, ha soffiato come un

gatto arruffato tutta la stagione, s'è arrampicata sui torti arbitrali subiti e sugli "aiutini" ai nerazzurri. Mancano due partite al termine della stagione. Una rievoca memorie epiche, è contro il Siena e contro il Siena la stagione precedente Materazzi ha chiuso i conti. A San Siro, Materazzi eccede, cerca di bissare il risultato del 2006/2007, ma non ce la fa, sbaglia un rigore, Mancini è livido, la partita finisce con un due a due. A Parma, è l'ultima. Un'ultima sofferta, Ibra soffre, da tempo, Ibra è stato fuori, ma qui, Ibra entra, al sesto minuto del secondo tempo, e continua a soffrire, fisicamente, ma è lui che vuole chiudere e ce la fa. Con due reti, consegna all'Inter il sedicesimo scudetto nell'anno del centenario. Sono tre di fila, nella notte Milano impazzisce a San Siro, c'è stata una pioggia torrenziale, ma in quella sera anche il cielo si è fermato. L'Inter entra nel suo stadio per ricevere il sedicesimo scudetto davanti al suo pubblico. È stata una stagione tormentata, più sofferta rispetto alla precedente, senza certezze, senza riserve, è stata la stagione del coraggio, di chi non ha voluto arrendersi. E questa è l'Inter che dopo meno di tre settimane avrà in mano José Mourinho. Un'eredità preziosa, che saprà plasmare e riconoscere. E questa è la seconda storia, dell'anno 101.

3 GIUGNO 2008
LA SVOLTA

Si torna a quel 3 giugno 2008. Sono le undici del mattino. José Mourinho è arrivato al centro "Angelo Moratti" di Appiano Gentile. È abbronzato, educato, piacevole. È più che puntuale, è in anticipo nel giorno della sua presentazione ufficiale come allenatore dell'Inter e questa rimarrà una costante. All'allenamento, arriverà sempre prima di tutti. Nell'area della stampa ci sono duecento giornalisti e cinque Paesi europei hanno deciso per la diretta televisiva. La presentazione dell'uomo di Setubal, in realtà un vero cittadino del mondo, passerà alla storia per una frase a effetto, simile a quelle che lo hanno consegnato alla storia mediatica. Dirà, rivolto a un giornalista inglese, in perfetto italiano, "io non sono un pirla". Frase che sarà altrettanto stabile, nell'immaginario collettivo, a quanto detto, arrivato al Chelsea, riguardo al fatto di essere uno speciale.

Aveva appena vinto la Champions League col Porto, oltre a molto altro, impresa addirittura improbabile. "The Special One". Neanche il Chelsea era molto, prima di lui, anzi. Così, questa battuta finirà a oscurare un'altra frase, che invece è la chiave di interpretazione della sua scelta.

In questo tre giugno, dirà che è il club a essere speciale, non lui. A risentirla adesso, un'ammissione di umiltà, o forse la dichia-

razione di essere arrivato in un club che è blasonato e ha vinto tre scudetti di seguito. Differenze. Porto e Chelsea erano il limbo da cui traghettare in Paradiso. Qui, lui lo sa, il Paradiso è più impegnativo. Ha un passato di cento anni. Farà i conti, dopo, con il presente e non si farà affascinare da quanto è successo, organizzerà quello che sta per succedere, senza recriminare, senza affidarsi mai alla parola "sfortuna". Non sa niente

di cosa lo attende in quel 3 giugno, come ogni essere umano, ma sa a cosa puntare e come ottenerlo, come in pochi sanno fare. Non può prevedere che farà giocare l'Inter contro il Manchester United benissimo, ma uscirà dalla Champions League. Avrà anche lui giocatori da sostituire, sarà inflessibile sui giudizi da dare su chi va in campo. Si schiererà, apertamente, in un ambiente mediatico abituato alle mezze misure e ai toni

grigi. Denuncerà. Criticherà. Apprezzerà. A sua volta, verrà criticato e apprezzato. È uno da colori forti. Il nero, per esempio. E l'azzurro. Si chiama José Mourinho, ha un ottimo staff. Rui Faria, Silvino, Andre Villas Boas, e poi, su sponda nerazzurra, Giuseppe Baresi e Daniele Bernazzani. Vincerà il diciassettesimo scudetto della storia dell'Inter, in quel 3 giugno non lo sa ancora, ma sa di doverlo fare

10 AGOSTO 2008
INTER CAMPUS

Quattordici giorni prima della Supercoppa contro la Roma, a Locarno sta andando in scena il Festival Internazionale del Cinema, come sempre, ad agosto. Apparentemente, è la dimensione più aliena al calcio che esista. Eppure, l'Inter c'è. L'Inter ha deciso di celebrare il Centenario con un documentario in cui non esiste neanche un'immagine di gioco della serie A italiana, perché l'Inter ha anche altro da mettere in gioco.

Petites historias das crianças è firmato da Gabriele Salvatores, Guido Lazzarini e Fabio Scamoni. Ottimi tutti e tre, una garanzia il primo. I protagonisti sono solo qualcuno, fra le migliaia di bambini che nel mondo ritrovano il senso di esserlo attraverso quel blu del cielo e quel nero della notte, che sono i colori dell'Inter, messi a testimonianza dell'appartenere a una storia da Gianfelice Facchetti, figlio di Giacinto, l'8 marzo prece-

dente. Si chiama Inter Campus, all'inizio sembrava un'avventura, appena un abbozzo di progetto, in più di dieci anni è diventata una realtà in diciannove nazioni nel mondo, diversissime fra di loro e incredibilmente uguali con i colori nerazzurri addosso. Inter Campus è ovunque. È un modo di riappropriarsi dell'essere bambini attraverso il calcio, anche se i narcotrafficanti in Colombia la fanno da padroni, anche se le favelas brasiliane sono

davvero una trappola per piccoli, anche se in Israele i confini sono stati labili e drammatici, anche se il Kosovo è solo un ricordo, anche se la Cina non è solo Shanghai, anche se il Camerun è un angolo d'Africa sconvolto, anche se l'Iran appare un'universo sconosciuto, anche se Cuba è un'ultima frontiera, e ce ne sono altre, di frontiere, e questo è l'altro calcio. Quello faticoso, sconosciuto per scelta e riconosciuto per volontà di far

sapere che esiste. Diecimila bambini, duecento operatori in tutto il mondo, nessun tentativo di andare a cercare campioncini, solo la volontà di fare qualcosa attraverso il calcio, anche quando apparentemente non ci sono le condizioni. Inter Campus è un progetto testardo, le "condizioni", le scardina, non si accontenta di niente di comodo. Al Festival del Cinema di Locarno, ottiene tre minuti di applausi da una platea che non ha

nessun idolo pallonaro. Novanta minuti di documentario, questa è stata la scelta degli autori, in lingua, sarebbe meglio dire lingue, originali: la durata di una partita. Qui, la partita, avvia alla serenità delle giovanissime vite e forse è la più difficile da giocare. Nel corso dell'anno 101 dell'Inter, verrà presentato anche a Milano e Roma, e poco prima di Natale otterrà l'attenzione del Parlamento Europeo a Bruxelles.

24 AGOSTO 2008 PRIMO "TITULO"

Beati gli ultimi che saranno i primi. L'ultimo a essere arrivato, è José Mourinho. Il primo, Javier Zanetti. Di Zanetti sarà l'ultimo rigore. Di Mourinho la trama. 20.45, domenica, 24 agosto 2008. Stadio "Meazza", per tutti San Siro. Fine estate in cui la città ha strade deserte e finestre aperte per chi non è potuto scappare. Agosto di Milano, multietnico e abbandonato a se stesso, saracinesche abbassate in un inno alla fuga estiva, rimangono gli anziani, condannati alla fila al supermercato e chi proprio non può permetterselo.

È il solito San Siro. Fedele, San Siro brilla nella notte della Supercoppa, è ancora una volta Inter Roma, una partita davvero con due anime. Franco Sensi ha lasciato tutti dopo una lunga, dolorosa malattia. E questa è senz'altro una Roma orfana, è una Roma che si conosce bene, che ha in Spalletti un nume tutelare esperto, in Totti un simbolo solo leggermente acciaccato.

L'Inter ha un nume tutelare nuovo, su una divisa con un futuro solo da immaginare, si è già messo delle mostrine con nomi illustri. Trofeo Eusebio, Trofeo Beckenbauer. Amichevole estate itinerante in Europa. È la prima di José Mourinho alla "Scala" del calcio. Starà seduto in panchina quasi sempre. Poche uscite all'esterno, appunti a profusione. E forse, per confondere le carte di questo film, va bene iniziare dal finale. L'ultimo rigore lo tira Javier Zanetti. Che è uno che i rigori non li ha mai tirati, mai, neanche una volta, in vita sua. Vita molto nerazzurra.

8 a 7, vittoria. Una vittoria tropicale, fa ancora caldissimo, ma chissenefrega. Caldo e rigori, una miscela che è una sfida all'infarto. E pensare che Doni è stato il migliore di loro, e se il migliore è il portiere, allora sai che chi hai di fronte è il più forte. Questa Supercoppa è una storia intensa, prendi per esempio Dejan Stankovic. Quando l'estate ci ha preso la mano e sotto gli ombrelloni si leggeva la

rosea e il fatto che Dejan sarebbe passato alla Juventus, ci si sentiva traditi, ma lui non ci aveva mai pensato. Mourinho ha messo a posto le cose definitivamente, non è uomo da intimorirsi se un giocatore è stato l'emblema di chi lo ha preceduto. È uno che schiera una formazione di giocatori che ce la faranno.

Dejan ha sbagliato il rigore, per un soffio di eccessiva potenza. Unica pecca. Invece non hanno sbagliato in quella notte lunghissima, in ordine di apparizione, Zlatan Ibrahimovic, Mario Balotelli, Maxwell, Esteban Cambiasso, Luis Jimenez e Javier Zanetti.

Anche Julio Cesar non ha sbagliato. Arrivato a Brunico con un'ombra di scetticismo da parte dei più, e chi lo conosceva? Marco Branca. Ora Julio Cesar è diventato uno dei migliori al mondo. Ha parato. Fermo, sicuro, mentre Doni finiva in ginocchio.

La prima rete l'ha firmata Sulley Ali Muntari, dicevano fosse il ripiego per Frankie Lampard, non lo sarà. La seconda l'ha messa Mario Balotelli, italiano con accento bresciano nero come la pece.

Zlatan sta bene, in questa notte torrida, Zlatan offre magie, spaventa, viene atterrato, fermato, bloccato. Non c'è altro modo. Chi fa arte, sempre, spaventa. Preciso, lavoratore, attento, geniale.

Luis Figo, quando arriva all'Inter è una leggenda dei palmarès. Una leggenda a rischio. Un po' avanti negli anni.

È alla quarta stagione di rinnovo. Quando San Siro ti ama, è difficile dire di no. Nonostante i ricchi Emiri. Storie di amore e di appartenenza. Questione di colori. Maicon è il gigante sicuro. È il quarantunesimo minuto di gioco quando per la prima volta parte da San Siro un coro per José Mourinho. È passione pura nei confronti di un'Inter fortissima, fin da subito. Per tre ore sarà da cuori forti. Tre ore di caldo, di boati, di tensioni. Tre ore alla grande, tre ore da Inter.

CAMPIONI

2008/2009

1-1

SAMPDORIA - INTER

INIZIA LA "MARATONA"

SAMPDORIA

Mirante, Campagnaro (79' Lucchini), Gastaldello, Accardi, Stankevicius (57' Padalino), Sammarco, Palombo, Franceschini, Pieri, Delvecchio (86' Dessena), Cassano

INTER

Julio Cesar, Maicon, Cambiasso, Materazzi, Maxwell, Zanetti, Stankovic, Muntari (73' Jimenez), Figo (73' Crespo), Ibrahimovic, Mancini (65' Balotelli)

Arbitro: Roberto Rosetti
Reti: 33' Ibrahimovic, 68' Del Vecchio

CLASSIFICA

Lazio	3
Torino	3
Udinese	3
Bologna	3
Chievo	3
Atalanta	3
Catania	3
Fiorentina	1
Inter	1
Juventus	1
Napoli	1
Roma	1
Sampdoria	1
Milan	0
Reggina	0
Genoa	0
Siena	0
Palermo	0
Cagliari	0
Lecce	0

Comincia così, allo stadio Marassi (il "Luigi Ferraris") di Genova, quella che José Mourinho definisce la maratona del campionato italiano. Al chilometro zero, si registra una temperatura da collasso per afa eccessiva e già prima della partenza ci si distingue come sorvegliati speciali. Ressa di obiettivi sul Mister seduto in panchina, collage di espressioni, ricerca di gesti da immortalare, presumibile e probabile per il futuro. Anzi, una certezza, nel momento in vantaggio sugli altri, che sta nella precisione con cui espone le sue idee ai media che seguono l'Inter. Fascino innegabile, concetti precisi, che in realtà se si ripensano riportano il calcio parlato al realismo del calcio giocato. Un concetto semplicissimo che si è smarrito nella pletora delle parole che confondono il mondo del pallone. "Non sono emozionato", ha dichiarato sulla sua prima del campionato italiano. L'emozione la lascia agli altri, pubblico incluso, anzi pubblico *in primis*, perché l'emozione esiste, è innegabile, contro una Sampdoria decisissima a fare la partita della vita, anche Mazzarri è uno con le idee chiare, finirà esausto alla fine della partita, a furia di urlare, sbracciarsi, crederci. L'Inter inizia là dove ha terminato nella scorsa stagione, cioè con Zlatan Ibrahimovic, ma è già un'altra Inter, ha un'identità decisa che andrà a definirsi sempre meglio. Alla rete del campione svedese, la Sampdoria reagisce come se l'aspettasse e anzi moltiplica risorse e energie per almeno equiparare il risultato. Ce la farà, anche se la situazione di emergenza nella difesa nerazzurra esce dal "Luigi Ferraris" senza essersi evidenziata.

Qui, la storia da protagonista spetta a Esteban Cambiasso, forse se al "Cuchu" prospettassero un'emergenza anche in veste di portiere risponderebbe con la medesima forza. Il giorno prima della partita, il Mister ha parlato di testa, nel definire la completa disponibilità ad andare oltre fisicità magari non ancora al cento per cento di alcuni giocatori. Testa, vuol dire concentrazione, vuol dire senso del gruppo e forza, può voler dire energia positiva, carattere, voglia di assorbire non solo la tattica di Mourinho, ma anche il suo senso del lavoro. La notte genovese archivia la prima dell'Inter della stagione 2008/2009, il giorno successivo nessuna delle cosiddette grandi porterà a casa un risultato che vada oltre il punto del pareggio, per qualcuno è invece sconfitta secca, a dimostrazione che la concezione mourinhiana del fatto che nel calcio prima si gioca e poi si parla è semplice, ma doverosa. Walter Zenga alla prossima a San Siro arriva nel suo stadio, non si potrebbe definirlo altrimenti, alla guida del Catania capolista. Non è un'aberrazione da prima giornata di campionato, è la constatazione che il campionato italiano ha spazio per i sogni di tutti, il rispetto per l'avversario è, e deve essere, sacro.

GOL DA INTENDITORI

È la gara d'esordio, il debutto di José Mourinho
nel campionato italiano, il primo passo verso
un obiettivo da centrare dichiarato alla vigilia.
Vincere il campionato. L'emergenza è alta,
non ci sono difensori centrali. All'appello
risponde "presente!" solo Marco Materazzi
e con lui Cambiasso, come sempre impeccabile,
a completare il reparto difensivo. Il modulo
scelto inizialmente è il 4-3-3 con Figo e Mancini
a supporto di Zlatan. Il gol nasce da una giocata
per intenditori del calcio. Lancio in profondità
a saltare il pressing dei doriani, sul pallone
vanno due maglie bianche: quella
di Ibrahimovic e quella di Amantino Mancini.
"Il dai e vai" è una coltellata alle velleità
difensive dei blucerchiati. Campagnaro,
Accardi e Gastaldello guardano il pallone che,
sospeso a mezz'aria, passa da Ibra a Mancini
che, con un tocco acrobatico, a un metro da
terra, chiude la triangolazione con "il genio",
mettendogli il pallone in una posizione dove
il controllo di petto, lo sguardo al portiere
e il sinistro a incrociare, sono un attimo...
Un gesto semplice, a vedersi, che però lascia
Mirante fermo, immobile, incapace
di contrastare una giocata così lineare
e, al contempo, così velenosa. È il primo
gol dell'Inter della stagione, frutto di uno
scambio rapido e incisivo, che lascia
intravedere le grandi potenzialità offensive
della squadra.

"LA TRIVELA"

In chiusura di mercato è arrivato dal Portogallo un talento calcistico di nome Ricardo Quaresma. Al Meazza, in occasione dell'esordio casalingo dell'Inter, targato José Mourinho, è innegabile che la curiosità maggiore sia tutta per lui, il "Trivela", soprannome legato all'inconfondibile gesto tecnico con cui calcia il pallone. L'avversario è il Catania e in panchina c'è un amico, Walter Zenga, che però non vuole fare brutta figura, anzi: il suo Catania gioca bene, va in vantaggio, si difende con ordine, con tanti uomini, un muro difficile da scavalcare. Mourinho sceglie il 4-2-3-1, con Quaresma, Balotelli e Figo dietro a Ibrahimovic. È un problema districarsi contro nove uomini piazzati davanti all'area di rigore e allora ecco che arriva la giocata del "Trivela". Da sinistra a destra, studiato giro-palla veloce e colpo classico d'esterno destro, che voleva essere un cross, ma il destino aiuterà Ricardo, alla sua prima esperienza in nerazzurro, forse solo in quest'occasione.

C'è, lungo la traiettoria, un catanese preoccupato da questo pallone invitante, troppo, che viaggia verso la porta; allora un piede si alza e devia, di quel tanto che serve per beffare Bizzarri, che, nel proprio cognome, trova la giusta definizione per la nuova traiettoria, bizzarra e soprattutto imprendibile. Così segnò Quaresma, nella sua prima, e unica, "trivela" vincente.

MOURINHO VS "L'UOMO RAGNO"

2-1

INTER - CATANIA

L'inizio di questa sera di un sabato di fine estate non è banale e non può esserlo. Walter Zenga è a San Siro da avversario e ha la testa rasata, come se insieme ai capelli, che ricordiamo lunghi, avesse rasato tutte le difficoltà della vita. L'inizio di questa sera, di una sera da partita notturna contro il Catania, è un tributo, ed è anche la storia un uomo che è stato ragazzino, tifoso, uno dei tanti e uno dei pochi che ce l'hanno fatta a diventare portiere e a entrare nella leggenda. Uno che poi, è passato oltre a tantissime cose, storie di amori, figli adesso meravigliosi, ha perfino fatto il postino televisivo, è diventato emigrante in America, poi ha saputo scegliere, ha studiato, si è messo di nuovo in discussione, si è fermato in varie panchine, ha vinto, è diventato un cittadino del mondo, perché il mondo l'ha conosciuto e in questa sera, è tornato. Dall'altra parte. Da avversario, sull'ultima panchina conquistata, quella del Catania.

Si trova davanti uno squadrone, l'"Uomo Ragno", si trova davanti José Mourinho. Deve aver fatto una serrata lotta con i suoi nervi e le sue emozioni per uscirne bene. Ne uscirà. Comunque bene, ma da sconfitto. La storia di Inter-Catania avrà anche toni accesi. Ma su una cosa non c'è dubbio. L'Inter doveva vincere.

Si poteva segnare di più, dirà il Mister alla fine, ma sta di fatto che il primo gol è loro. Per il Catania è una rete liberatoria e l'euforia di pochi minuti, l'Inter ribatte con Quaresma, debutto meraviglioso, una parvenza di sospetto di autogol, l'abbraccio che sa di benvenuto di Maicon, così stretto. Maicon, che dopo molte altre azioni e molti minuti, avrà anche occasioni cercate con cocciutaggine figlia degli eventi.

Si mangia il campo, Maicon. Vuole segnare. Sarà sfortunato. La palma della sfortuna spetterà a Zlatan, anche lui fino alla fine alla ricerca della rete, il cardiopalma della paura a Nicolas Burdisso, immobile steso a terra per troppo tempo, ma questa sarà anche una partita da Oscar. Nel senso cinematografico del termine, lo si attribuisce al signor Tedesco, vero *stuntman* della caduta, che stramazza al suolo e fa espellere un allibito Muntari. Nelle parole del post partita, deciderà anche che Robin Hood è il suo personaggio preferito, straparlando di poteri del calcio a chi gli fa notare che la caduta era come minimo eccessiva, ma in fondo, in questa sera, Tedesco è da ringraziare. Perché senza di lui, non ci saremmo forse accorti che questa squadra sa giocare in dieci come se ci fossero undici giocatori in campo, cioè benissimo.

La seconda rete nerazzurra è meravigliosa, perché è una di quelle che non ti danno mai – per informazioni ulteriori chiedete proprio a Mourinho – è un autogol del Catania: una palla entrata e uscita in una traiettoria magica. Chiaramente entrata. Su questo volo perfetto, che dichiara apertamente inutile la prestazione da Oscar, l'Inter chiude la partita senza perdere la voglia di fare di più. Patrick Vieira è saldamente a centrocampo, il Capitano e Cambiasso dimostrano che si può non risentire dei fusi orari e alla fine è Mancini che anima lo stadio.

Anche il Panathinaikos ha vinto, è già tempo di Champions, un allenamento la domenica, un volo di due ore e mezza verso Atene il lunedì mattina, e fischio d'inizio alle 21.45 ora locale il martedì. Lo stadio olimpico di Atene promette un inferno di tifo. L'Inter promette di essere se stessa e può bastare.

INTER

Julio Cesar, Maicon, Burdisso, Materazzi, Maxwell, Figo (48' Zanetti), Vieira, Muntari, Quaresma (80' Mancini), Ibrahimovic, Balotelli (69' Cambiasso)

CATANIA

Bizzarri, Silvestre, Stovini, Terlizzi, Silvestri, Ledesma, Biagianti, Tedesco (74' Antenucci), Mascara, Plasmati (61' Paolucci), Martínez (62' Dica)

Arbitro: Antonio Damato
Reti: 42' Plasmati, 43' Quaresma, 48' Terlizzi (A)
Espulso: Muntari

CLASSIFICA

Lazio	6
Atalanta	6
Torino	4
Inter	4
Napoli	4
Juventus	4
Udinese	3
Genoa	3
Siena	3
Palermo	3
Bologna	3
Catania	3
Lecce	3
Chievo	3
Fiorentina	1
Reggina	1
Roma	1
Sampdoria	1
Milan	0
Cagliari	0

1-3

TORINO - INTER

IBRA DA MANUALE

TORINO

Sereni, Diana, Di Loreto, Pratali, Pisano, P. Zanetti (66' Ogbonna), Corini (45' Barone), Saumel, Rosina (29' Abbruscato), Amoruso, Bianchi

INTER

Julio Cesar, Maicon, Burdisso, Materazzi, Chivu, Vieira, Cambiasso, J. Zanetti, Adriano (68' Balotelli), Ibrahimovic (89' Cruz), Mancini (65' Quaresma)

Arbitro: Stefano Farina
Reti: 24' Mancini, 26' Maicon, 51' Ibrahimovic, 76' Abbruscato

CLASSIFICA

Inter	7	Udinese	4
Juventus	7	Fiorentina	4
Lazio	6	Lecce	4
Palermo	6	Chievo	4
Catania	6	Milan	3
Atalanta	6	Genoa	3
Napoli	5	Bologna	3
Roma	4	Sampdoria	2
Torino	4	Reggina	1
Siena	4	Cagliari	0

È la terza di campionato, quindi non è altro che un inizio. Un inizio agguerrito per tutti, per chi sa di avere nel destino l'esigenza di vincere e per chi invece vive la vittoria come un momento fortunato. Classifica in abbozzo, mentre ci si prepara a incontrare il Torino. L'Inter è squadra in fase ancora di lavori in corso, si registrano ritorni eccellenti. Su tutto quello di Cristian Chivu, che mette nel cassetto dei ricordi meno graditi il dolore alla spalla che l'ha attanagliato lo scorso anno. Un cassetto affollato, ci ripone qualcosa anche Patrick Vieira, che giocherà come fosse al primo giorno di Inter e ci butta mesi e mesi di rincorsa a recuperare se stesso, Adriano, mesi così bui che diventa perfino stucchevole parlarne. Amantino Mancini è un altro che ritorna, dopo una passata stagione che non si annovera fra le più felici della sua vita. Sarà per questo che sprizza nuovamente di felicità, alla rete, deviata in realtà, che segna il primo vantaggio dell'Inter. "Chissenefrega" della deviazione, il gol è suo, la sensazione è già che ci sia dell'altro nell'aria, ne fa le spese in due minuti il Torino, che ha di fronte tre campioni molto neri e anche molto azzurri: Adriano per Vieira che lancia a rete il brasiliano Maicon. Un trittico nero, in un calcio italianissimo, che per un attimo, in giorni in cui perfino Milano si è macchiata di un razzismo osceno, ripugnante, diventa quasi simbolico. Ma questo non fa parte del calcio, e comunque è una rete bellissima, ha la forza di Maicon che è dalla prima giornata che si intestardisce a segnare. In due minuti, va sotto di due reti una squadra che non si darà per vinta mai. Il Torino ci crederà fino in fondo, a dimostrazione che in Italia non c'è un avversario in tono minore. Che Ibra sia da manuale del calcio, non lo sappiamo solo perché ad Atene l'ha detto mister Mourinho. Che Ibra segni, è uno spettacolo nello spettacolo di quello che sa e può fare. Che però la zampata di José Mourinho si stia rispecchiando in tutto, in ogni gesto, viene perfino da pensare in ogni sorriso, in un entusiasmo ritrovato, è un dato da prendere per assoluto. Tutti noi stiamo andando a scuola da José Mourinho, non solo chi è in campo. Non c'è mai una parola lasciata al caso, anzi, il caso non esiste e se viene la tentazione di credere che sia il nostro padrone, allora si sa che l'errore abita proprio da quelle parti.

Tutto viene rivalutato, anche la forza da mettere nel lavoro. Se lui è il primo ad arrivare e l'ultimo ad andarsene, tutti ci si sente pronti a farlo fino in fondo. La partita si chiude con un gol del Torino, che non si è mai arreso, e con la considerazione che quella frase che Mourinho ha detto su se stesso, "non penso di essere il migliore, ma non penso neanche che ci sia qualcuno migliore di me", si stia riflettendo nella squadra, sia una specie di iniezione di energia positiva. Detto questo, è la terza di campionato. Solo un inizio.

GOL DI MAICON E CONTROPIEDE DI IBRA

Due lampi allo stadio Olimpico di Torino.
Due azioni in cui si inizia a capire come,
a questa squadra, José Mourinho abbia
già insegnato ad abbinare rapidità, cattiveria,
concretezza e cinismo nelle ripartenze.
Non il tradizionale lancio lungo per l'attaccante
veloce, ma un concerto di uomini che parte
all'unisono per colpire. Si comincia dal recupero
del pallone per arrivare velocissimi, in tanti,
a cercare il gol. Dalla difesa si taglia il campo
in diagonale con tre tocchi in verticale, recupero
sulla tre-quarti, Adriano, Vieira, veloci,
con un solo tocco, precisi, poi Maicon che punta
l'area, dalla destra – la sua zona, il suo territorio
– può crossare per due compagni, chiedere l'uno-
due oppure, con meno fatica, scaricare un destro
dai 25 metri che taglia l'area e "centro!",
l'angolo alto alla destra di Sereni, tutto semplice.
In campo scatta il samba dei nostri brasiliani.
Ripresa, corner per il Torino, recupera al limite
dell'area Maicon, parte palla al piede,
è inseguito, passa a Mancini che lancia subito
oltre i difensori perché c'è Ibra che corre.
Lo inseguono, a vuoto, Barone e Pratali, lui
controlla, entra in area, guarda cosa vuole fare
il portiere e, di esterno destro, lo scherza.
In 10 secondi l'Inter di Mourinho mostra come
fare con 3 tocchi 80 metri e il gol sul traguardo.
Un capolavoro!

1-0

INTER - LECCE

JULIO È UNO CHE RISOLVE

INTER

Julio Cesar, Zanetti, Cordoba, Burdisso, Chivu (72' Cruz), Vieira (47' Quaresma), Cambiasso, Stankovic (47' Maicon), Mancini, Ibrahimovic, Adriano

LECCE

Benussi, Angelo (51' Diamoutene), Stendardo, Fabiano, Esposito, Munari, Zanchetta, Ardito, Ariatti, Cacia (75' Caserta), Tiribocchi (54' Castillo)

Arbitro: Mauro Bergonzi
Reti: 79' Cruz

CLASSIFICA

Inter	10
Lazio	9
Atalanta	9
Napoli	8
Juventus	8
Udinese	7
Catania	7
Genoa	6
Milan	6
Palermo	6
Torino	5
Siena	5
Chievo	5
Roma	4
Lecce	4
Fiorentina	4
Sampdoria	3
Bologna	3
Reggina	1
Cagliari	0

Che non sarebbe stata facile, come si poteva supporre sulla carta, era nell'aria. Che il calcio non sia mai facile e che il risultato non è da mettere su carta prima che avvenga, è invece qualcosa che si dimentica facilmente, troppo! Chi non se lo scorda mai è chi vince da protagonista. Alla radice dei vertici di classifica c'è quello. Inter-Lecce, serata di fresco autunnale a San Siro. Mercoledì infrasettimanale, uno di quelli che invogliano a tenersi in tasca il portafoglio, soprattutto quando si parla di recessione a trecentosessanta gradi, e a non spendere in biglietti, mettersi sul divano e vederla da casa. Norma valida per molti, non per tutti: oltre agli abbonati, trentasettemila anime nerazzurre, ci sono settemila paganti a San Siro. Grazie per esserci, per inciso. Grazie per esserci e per stare col fiato sospeso per più di un'ora. Non è l'Inter di Atene e il Lecce va forte. Ibrahimovic c'è e il turn over no, si danno tutti da fare ma c'è qualcosa che manca. O forse c'è qualcosa da aggiungere a ciò che ci si aspetta dal Lecce, che intrappola i nerazzurri. Passa il primo tempo, si torna in campo. Passa altro tempo, troppo, fino a che succede qualcosa che a credere nella forza karmica, diventerebbe proverbiale. Il Catania di Walter Zenga sta giocandosela a Torino in casa juventina. È il ventitreesimo del secondo tempo quando Plasmati pareggia. Si sa subito, perché San Siro ha sempre un orecchio puntato sugli altri campi, anche prima che il tabellone dia il risultato.

Tre minuti dopo a San Siro entra Julio Cruz. Dopo altri sette minuti è Julio a segnare e l'Inter passa decisa in vetta alla classifica. Parlare di Julio è qualcosa che si fa sempre di cuore, ma trovare altri temi su di lui è ormai un'impresa. Julio è Julio, è quello che ti sa fare una mossa meravigliosa e accetta

di stare in panchina, Julio fa parte di quella schiera di attaccanti meravigliosi a disposizione del Mister. Julio è uno che risolve, anche appena entrato, è uno che ci crede, è un protagonista di eccezionale normalità, come il Capitano. Seicento presenze e non sentirle. José Mourinho firma la centesima partita senza sconfitta a San Siro e doverosamente cede la ribalta a chi aveva aperto la comunicazione della partita, Beppe Baresi. Mugugno generale, abbastanza sgradevole, Beretta ci mette del suo, dai vari studi televisivi scattano critiche per la serie era meglio Mourinho e lunghi tempi d'attesa.

Questo lo sottolineiamo. Baresi viene messo in coda. In totale l'attesa fra Sky, Mediaset e Rai sarà di circa un'ora. A chi invoca i contratti si può sempre dire al massimo sono di sette minuti i tempi d'attesa concessi ai broadcaster. A chi invoca il rispetto, si può ribattere con decisione che Beppe Baresi non è una riserva, è un Mister molto educato con un palmarès alle spalle di primo livello. E va trattato come tale.

CRUZ COME SEMPRE DECISIVO

Arriva il Lecce di Beretta che, per non sfigurare contro la corazzata nerazzurra, cerca con umiltà, di limitarsi alla ricerca di: "primo non perdere". È una costante cui Mourinho non è abituato, lui gioca per vincere, mai per "non perdere". E queste gare sono difficili. 4-3-3, con Mancini, Adriano e Ibra. Spazi pochi, tutto il Lecce è sotto la linea della palla, sempre, chiude tutti gli spazi, raddoppia, aggressivo sul possessore di palla. Non va, si cambia: fuori Chivu, Vieira e Stankovic, dentro Maicon, Quaresma e Cruz. È il credo di Mourinho, in campo contemporaneamente Adriano, Mancini, Cruz, Ibrahimovic e Quaresma. Tre in difesa, due in centrocampo e cinque in attacco così distribuiti da destra a sinistra: Mancini, Cruz, Quaresma dietro le due torri, Adriano e Ibrahimovic. "Se perdi per un gol in contropiede" – asserisce il Mister – "da un punto che avevi, ne perdi uno, ma se riesci a vincere ne guadagni due". È la matematica mourinhana, il teorema di José e, come quello di Talete, ha effetto. Cross dalla destra di Maicon per il centro dell'area, dove stazionano le due torri, e colpo di testa del "genio" Ibra che regala l'assist per Cruz, che arriva e, in corsa, scocca un destro rasoterra che scardina la porta di Benussi. È il gol che vale due punti in più in classifica.

FUORIGIOCO DI KAKÀ

Il derby, il primo, il Milan in difficoltà con già due sconfitte nel proprio
tabellino. Senza Pirlo, è Seedorf a fare il playmaker, lo farà bene, ma godendo
di troppa libertà. Si parte con Quaresma, Mancini e Ibrahimovic, che però
è sempre raddoppiato da Gattuso che è ammonito tardi, troppo tardi.
Gara nervosa, scintille, l'Inter avrà due rossi alla fine per Burdisso
e Materazzi, troppo. Il gol partita è realizzato da Ronaldinho, ma è falsato
da un fuorigioco iniziale. Il lancio per Kakà è preciso, ma il pallone d'oro
rossonero è oltre il nostro ultimo difensore. La difesa sta rientrando
e Ronaldinho sul cross preciso dalla destra stacca e batte il suo amico Julio Cesar

che nulla può. Una svista arbitrale può capitare, forse non era facile da vedere,
ma a fine gara Mourinho non ne vuole parlare. Sottolinea solo che una svista
può essere determinante nell'esito di una gara, ma non cerca polemiche.
Lo farà qualche mese dopo, quando si rileveranno solo gli episodi pro Inter
e sarà allora il momento di ricordare che questi tre punti del Milan hanno
un vizio di forma importante. Quello di un gol in offside. In inferiorità
numerica, l'Inter con un 3-2-3-1 farà tremare il Milan alla ricerca del pareggio
fino all'ultimo. Sconfitti ma a testa alta.

NON È SUCCESSO NIENTE, O QUASI

MILAN - INTER

1-0

Ci sono vari modi di affrontare il derby, ammesso che non lo si stia giocando in campo. Ci si può arrivare euforici, ci si può approcciare allo stadio, quando non è più il tuo, ma quello degli altri, con un'ansia funesta dentro, si può consumare un corretto processo digestivo e arrivare prossimi all'ulcera anche solo all'ingresso dello stadio. Ci si può vestire da Milano campione d'Italia e restarsene lì, per novantacinque minuti ad aspettare un gol che non riesce a entrare, facendo il tifo. Sgolandosi, perché il gol deve arrivare.

Derby e come ogni volta ci stravolgono di statistiche, questa volta ci ovattano le orecchie anche di chiacchiere, su quello che ha detto Ancelotti e su cosa ha ribattuto Mourinho e cosa nel frattempo ha cogitato di esprimere Ranieri. Ci si arriva quindi quasi sordi, al derby, anche questo è un modo di doverlo vivere, tranne che qui si subisce cosa fanno gli altri. Arbitra il signor Morganti, lo ricordavamo meno canuto, avrà il suo daffare perché il derby di Milano non è quasi mai bello, ma è sempre civile.

È un emblema di civiltà nel calcio italiano, Ibra è là davanti con Mancini e Quaresma, ribatte il trio brasiliano. Adesso gol, così via il dente, via il dolore, segna Ronaldinho, si dibatte sul fuorigioco, evidente per chi è allo stadio, fuorigioco che poi è materia di livore successivo, sempre, e lascia il tempo che trova. Il calcio, a differenza degli altri mondi, è inappellabile. Quel processo digestivo a ri-

schio all'ingresso rischia di diventare un acido riflusso gastrico, se non fosse che l'Inter non sbanda, non è meravigliosa, ma si sa battere. Avevamo detto che chi va al derby dagli spalti ha vari modi di viverlo. Chi lo gioca, no, ne ha uno solo. Cercare di vincerlo. L'Inter resta in dieci. Nicolas Burdisso è reo non confesso di due falli, il primo fantasma, il secondo ci sta. Esce e non è che sempre riescano i miracoli. Tanto per essere pragmatici, parola chiave di lettura della partita nel postpartita per José Mourinho, il calcio è fatto per giocarlo in undici. Eppure, fino al novantacinquesimo, si tenterà di tutto. Fino a quell'ultimo minuto, in cui anche l'ultima azione sfugge via, e con lei i secondi rimasti, tutti i dieci uomini rimasti in campo e rivisti alla luce della nuova situazione cercheranno di agguantare il risultato, come se non ci fosse un limite alla volontà di farcela. Cerchiamo delle attenuanti? No, non c'è bisogno di manovre consolatorie. Si è al di sopra, nel senso letterale del termine, vedi alla voce classifica. Il calcio non è qualcosa solo di inappellabile, è profondamente saggio, se paragonato alle variabili della vita. Soprattutto, proietta nel futuro. Un futuro prossimo, a portata di mano. Il lunedì sera, è già troppo tardi per parlare di derby, perché è scattato il conto alla rovescia per la Champions League. Il Werder Brema ha vinto, nel suo campionato, dimostrando con un 5 a 4 di avere cecchini ottimi e trincee deboli. Quanti siamo a San Siro mercoledì?

MILAN

Abbiati, Zambrotta, Maldini, Kaladze, Jankulovski, Gattuso (88' Bonera), Seedorf, Ambrosini, Kakà, Ronaldinho (84' Shevchenko), Pato (74' Flamini)

INTER

Julio Cesar, Maicon, Burdisso, Materazzi (59' Adriano), Chivu, Zanetti, Cambiasso, Vieira (80' Stankovic), Quaresma, Ibrahimovic, Mancini (59' Cruz)

Arbitro: Emidio Morganti
Reti: 36' Ronaldinho

CLASSIFICA

Lazio	12
Napoli	11
Udinese	10
Inter	10
Catania	10
Milan	9
Juventus	9
Palermo	9
Atalanta	9
Roma	7
Lecce	7
Fiorentina	7
Genoa	6
Siena	5
Torino	5
Chievo	5
Sampdoria	4
Bologna	3
Reggina	1
Cagliari	0

2-1

INTER - BOLOGNA

IL RITORNO DI ADRIANO

INTER

Julio Cesar, Maicon, Cordoba, Rivas
(75' Cambiasso), Zanetti, Mancini (76' Stankovic),
Vieira, Muntari, Quaresma (90' Obinna),
Ibrahimovic, Adriano

BOLOGNA

Antonioli, Moras, Marchini (79' Coelho), Terzi,
Bombardini, Mudingayi, Volpi (64' Marazzina),
Amoroso, Adailton (63' Zenoni), Di Vaio, Valiani

Arbitro: Maurizio Ciampi
Reti: 25' Ibrahimovic, 50' Adriano (R), 56' Moras

CLASSIFICA

Inter	13
Lazio	13
Udinese	13
Palermo	12
Atalanta	12
Napoli	11
Catania	11
Milan	10
Fiorentina	10
Genoa	9
Juventus	9
Siena	8
Lecce	8
Roma	7
Torino	5
Chievo	5
Sampdoria	4
Bologna	3
Reggina	2
Cagliari	1

Quella che sta per iniziare è Inter-Bologna, sesta di campionato. Apparentemente è innocua, tanto quanto lo può essere una partita, che poi si riveli tale, lo si vede solo alla fine. Sostanzialmente, invece, è una trappola. Nella sua costruzione, il Bologna è il vero avversario, ma in campo contro l'Inter parecchi fiancheggiatori, nessuna meraviglia, li si conosce da tempo, c'è quello che dà la caccia al Mister nostro, c'è quello che "gufa" contro per principio e c'è chi s'è infuriato per il pareggio col Werder Brema. Nell'ultima categoria, quella più sincera, a voler vedere, sicuramente la più tifosa, c'è anche un personaggio che dallo spogliatoio, la sera del Werder, è uscito a razzo, ed era fra i tanti delusi, amareggiati, scontenti di se stessi prima che di qualcun altro, forse il più deluso-amareggiato-scontento.

A Zlatan Ibrahimovic, quel pareggio, non era andato giù. Ci sono reti figlie dell'istinto, della genialità e del coraggio. Della voglia di osare, del senso della sfida, la rete contro il Bologna di Zlatan, una riedizione calcistica di una mossa di taekwondo tailandese, è questo ma non è solo questo. È anche una rete figlia di un lavoro quotidiano, intenso, a volte ripetitivo, nel calcio il genio esiste, ma è supportato da una specie di professione operaia. Zlatan, che solo tre sere prima del Bologna era uscito a razzo dallo spogliatoio, in quello stesso spogliatoio è rientrato con la voglia di rifarsi. Passerà alla storia, questo gol irrispettoso della legge di gravità e deciso nella sua traiettoria come un manuale di fisica, ma questa di Inter-Bologna è anche la storia di uno stadio sospeso nell'incredulità. Ci mette una frazione di secondo, San Siro zitto, a capire che quel gol era

stato possibile, ci metterà un'altra frazione di secondo a comprendere che pure il capitano può sbagliare. Anche questo ha avuto dell'incredibile, nella concreta successione dei gesti. Il Bologna segna grazie all'Inter. Un altro momento di sospensione, ma questo è di regola, è il respiro che si ingoia quando si tira un calcio di rigore e si mette in un angolo dimenticato dei polmoni, lo si lascia lì, e lo si libera solo dopo, e così sarà, dopo che Ibra ha lasciato il posto ad Adriano. Parlano, decidono, lui tira. È il due a zero. Dei tifosi interisti si dice sempre che son gente difficile, cosa parzialmente vera, è gente che non si accontenta. Ma è anche gente generosa, semplicemente, non accetta i tradimenti, adotta invece chi, come Adriano, dimostra di volere riconquistare se stesso e di volerlo fare sempre con la stessa maglia. E questa non è neanche solo la partita di Adriano e di Ibrahimovic, è la partita di tutti quelli che cercano di trovare una rete e non ce la fanno, una serie di prestazioni di forza e di comprensione di quello che José Mourinho sta plasmando, esattamente come uno scultore fa con la creta. Con una differenza, lo scultore ha davvero della creta inerte nelle mani, l'allenatore ha soggetti in carne e ossa. La classifica di questa sesta giornata è solo lo specchio dell'instabilità della comunicazione del calcio, chi era un dio e adesso è uno sconfitto e viceversa. Nella notte, chi lascia lo stadio per ultimo, regola valida anche per gli addetti ai lavori, può pensare di dormire: facciamo all'una. All'inizio di un nuovo giorno. Tutti, tranne uno. Nelson Rivas, questo nuovo giorno, lo vedrà spuntare molto dopo, e con molta sofferenza, al San Matteo di Pavia.

IL TACCO DI IBRA

Quando durante una partita si assiste a un gol di tacco, è facile che si scateni l'entusiasmo per un gesto tecnico che è l'apoteosi di questo gioco. Difficile da realizzare, tentato solo dai grandi fuoriclasse del calcio, frutto di intuizione, senso del gol, sicurezza dei propri mezzi, insomma un colpo per gli iscritti al club "dei piedi buoni". Ma quando si pensa a un gol di tacco, si immagina una palla rasoterra, l'attaccante che anticipa il difensore e di tacco beffa il portiere. Minuto 23, Adriano sulla sinistra punta l'avversario, finta, controfinta e cross teso a mezza altezza verso il centro dell'area di rigore. Sul pallone vanno in due, il difensore del Bologna Terzi e Zlatan Ibrahimovic. Il difensore cerca di anticipare Ibra nella maniera più logica, palla alta = colpo di testa. L'idea è buona, peccato che "il genio" inventi una giocata fuori dei gesti tecnici del calciatore normale. Alza la gamba destra a un metro da terra e, di tacco, con un colpo degno del miglior esperto d'arti marziali, impatta il pallone indirizzandolo verso la porta di Antonioli, che, marmoreo, mentalmente applaude. Un portiere che subisce un gol così può solo applaudire. Un gol che scuote un intero stadio che non vede l'ora di poter tornare a casa per rivedere in video quello che dalle tribune, a velocità normale, ha intuito ma che si apprezza al meglio ogni volta che si rivede, sempre di più. Questo gol è nella storia del nostro club, nell'olimpo dei gol più belli di sempre.

0-4

ROMA - INTER

IL POKER DEGLI ASSI

ROMA

Doni, Cicinho, Loria, Juan, Riise, De Rossi, Aquilani, Taddei (75' Okaka Chuka), Perrotta (78' Brighi), Vucinic, Totti (69' Menez)

INTER

Julio Cesar, Maicon, Cordoba, Chivu, Zanetti, Stankovic (79' Dacourt), Cambiasso, Muntari, Quaresma (70' Mancini), Ibrahimovic (83' Cruz), Obinna

Arbitro: Nicola Rizzoli
Reti: 6' e 47' Ibrahimovic, 54' Stankovic, 56' Obinna

CLASSIFICA

Inter	16
Napoli	14
Catania	14
Udinese	14
Milan	13
Lazio	13
Atalanta	13
Fiorentina	13
Genoa	12
Palermo	12
Juventus	9
Lecce	9
Siena	8
Roma	7
Bologna	6
Chievo	6
Torino	5
Cagliari	4
Sampdoria	4
Reggina	2

Francesco Totti al 24' del secondo tempo ha l'aria perplessa, "bóh perché?". Era iniziato tutto come da programma, stadio Olimpico delle grandi occasioni, inni, bandieroni, petardi, insulti a Mancini, insomma il film era già visto e affascinante, a parte l'ultima sottolineatura. L'Olimpico è maestoso come lo sa essere Roma, sempre un po' eccessiva, roboante, comunque impressionante. Non che fosse l'unico a pensare "bóh!", il Pupone. "Bóh", l'avevano pensato quasi tutti, nella tribuna stampa già piena a stadio ancora vuoto, saranno le diciannove circa quando arrivano le formazioni. Tutti leggono il nome di Victor Obinna. La parte romanista – perché non è vero che le tribune stampa siano neutrali – ghigna e dice: "Ma bóh! Che s'è ammattito? Mette Obinna, lascia in panca Adriano e Balotelli, noi abbiamo il Pupone dal primo minuto".

La parte neutrale sottolinea che in questi casi se ti riesce la manovra sei un genio e sennò... sennò diremmo "un pirla", ma la battuta ce l'hanno già rubata. La parte interista insorge puntigliosamente difensivista: ma saprà il Mister con chi ha a che fare. L'"ammattito", cioè José Mourinho, è tranquillissimo e ha tenuto sotto controllo nazionali appena sbarcati, infortunati non disponibili, atleti che hanno lavorato sodo e ha scelto. Sì, c'è Obinna con Ibra e Quaresma.

A cinque minuti dal fischio d'inizio, chi segna è Ibra, lasciando l'Olimpico steso come un pugile stordito, meno stordita sarà la Roma, che se la giocherà da avversaria di razza, con un unico problema da risolvere, questa volta l'Inter è praticamente perfetta. Vero che la perfezione non è umana, ma a volte ci si avvicina. Questa è una di quelle volte per i nerazzurri. Intervallo e nuovo inizio, dopo due minuti segna di nuovo Ibrahimovic.

Sinceramente, mancano le parole, anzi sembrano inutili, queste azioni e questa Inter sono solo da vedere. A fare bene i conti, sono nove i minuti del "colpito e affondato", come si direbbe con la battaglia navale, cioè un decimo della partita, pochissimo. L'Inter al limite della perfezione centra con Dejan Stankovic la terza rete, è uno Stankovic dei tempi migliori, è carico come lo doveva essere quando su questo stesso campo si giocava il derby. È il nono del secondo tempo e dopo altri due minuti va in scena la favola di Victor Obinna, che fa un gol fantastico, lui con quella faccina da bravo ragazzo, lui che s'è giocato il futuro partendo per l'Italia dall'Enyimba, una delle migliori squadre d'Africa, senz'altro la migliore della Nigeria, quella stessa che a ripescare nella memoria aveva giocato con l'Inter un giorno d'agosto per celebrare il ritorno di Ronaldo. Al ventiquattresimo, Totti uscirà con "quella faccia un po' così", come cantava Paolo Conte, a chiedersi come si riesca ad arrivare a certi livelli. Il lunedì dopo il "sacco di Roma", per entrambe le squadre il tempo è scaduto, nel senso che alla voce Champions League l'Inter deve affrontare l'Anorthosis Famagusta e la Roma il Chelsea, una lo farà con la sicurezza di chi ha saputo esprimere la qualità di gioco che chiede José Mourinho, l'altra con la consapevolezza di non poter perdere di nuovo. Il "derby d'Italia" si chiude con due destini, al momento, opposti.

José Mourinho chiede al pubblico di venire a San Siro, mercoledì sera. Sa che è fondamentale la voce dello stadio e sa, anzi sapeva, fin dall'inizio che la squadra cipriota sarebbe stata un avversario ostico. Non era ammattito neanche quella volta, era solo pragmatico, in meno di due mesi dell'Anorthosis non ride più nessuno.

LA TATTICA

In questa partita José Mourinho mostra tutta la sua capacità nel preparare una gara. Si riparte dopo la sosta delle nazionali. I sudamericani sono rientrati 24 ore prima di una gara importantissima. C'è il big match con l'antagonista delle ultime stagioni. Quella Roma domata solo ai rigori nel primo trofeo vinto da Mourinho, la Supercoppa d'agosto. La gara è perfetta; il 4-1-4-1 con Obinna e Quaresma larghi e Ibrahimovic in mezzo, efficacissimo. Squadra corta, Stankovic e Muntari a centrocampo spengono qualsiasi idea della squadra di Spalletti che non riesce a esprimere il proprio calcio. Cambiasso è ovunque, pressa lateralmente, attacca anche nella tre-quarti dei padroni di casa. In campo c'è solo l'Inter. Sarà alla fine una lezione di calcio, risultato 0-4, con Ibrahimovic per due volte spietato, Maicon che spreca il gol più bello dopo un'azione da manuale del calcio, Stankovic che trova uno dei suoi colpi dalla distanza e Obinna che sorprende il Mister con le sue capriole di gioia per il gol realizzato nella prima gara da titolare in maglia nerazzurra. Una gara perfetta, con un pressing eccezionale che ha sempre costretto i giallorossi a lanciare lungo senza poter giocare palla a terra come amano fare Totti, Vucinic e compagni. Roma allontanata dalla lotta per il titolo anche se è presto, ma una vittoria così lascia un segno molto forte, in chi lo ha dato e soprattutto in chi lo ha subito.

0-0

INTER - GENOA

IL CODICE MOURINHO

INTER

Julio Cesar, Maicon, Cordoba, Burdisso, Chivu, Zanetti, Stankovic, Muntari (56' Cruz), Quaresma (47' Balotelli), Ibrahimovic, Adriano (47' Obinna)

GENOA

Antonioli, Moras, Marchini (79' Coelho), Terzi, Bombardini, Mudingayi, Volpi (64' Marazzina), Amoroso, Adailton

Arbitro: Daniele Orsato

CLASSIFICA

Inter	17	Juventus	12
Udinese	17	Lecce	9
Napoli	17	Siena	9
Milan	16	Cagliari	7
Fiorentina	16	Sampdoria	7
Catania	15	Roma	7
Atalanta	13	Bologna	6
Genoa	13	Chievo	6
Lazio	13	Reggina	5
Palermo	12	Torino	5

Luce, leggi alla voce eccezione alle notturne, davvero rara di questi tempi, temperatura più genovese che milanese, una pletora di tifosi rossoblu, un San Siro discretamente partecipe dopo il vuoto di Champions. Inter-Genoa parte così, da signorili primi in classifica, una leggera "puzza al naso" nei confronti dell'avversario, in concreto, una certa ignoranza per una squadra che potrebbe stare al di sopra della sua attuale posizione in classifica, qualche faccia conosciuta nelle loro file, la curiosità di misurare il principe Milito in casa propria.

Senti i commenti, gli scambi, giri fra il pubblico. Di quanto detto, alla fine rimarranno solo gli accenni al meteo e tanto meglio così. Non sarà la partita orribile che il Mister metteva in conto dopo la partita fantastica di Roma, ma neanche una da tenere in particolare considerazione. Il Genoa è forte, astuto e intelligente. Si attacca caparbiamente alla maglia di Ibrahimovic, se deve cadere a terra lo fa, e ci rimane anche un bel po', saltellando poi in piedi in pochi secondi, gioca in dieci ma fa fronte anche a quello, insomma se la gioca egregiamente e neanche fa il colpaccio a San Siro, perché il colpaccio lo possono fare quelli che non ti aspetti, qui basta vedere il suo percorso finora. La partita sarà interessante nelle parole del post, perché mette a fuoco il "codice Mourinho". Di quest'uomo e delle sue parole si è detto

talmente tanto da quel 3 giugno in cui è arrivato, anzi si era già detto prima, che si è corso il rischio di non capirlo, oppure di voler a tutti i costi interpretare un personaggio, in realtà molto lineare. Ha sempre detto che ai giocatori va la sua parola prima che agli altri, che quello che dice a loro è chiaro, compreso l'indice di gradimento. A fine partita non ha mai perso tempo a recriminare o a incensare, utilizza la parola "pragmatico" come la sintesi delle sue analisi. Nel tardo pomeriggio della sfida milanese ha chiarito un ulteriore tassello della sua impostazione, anche quello estremamente lineare. C'è una squadra, ci sono delle soluzioni tattiche, ci deve essere concentrazione e quell'effimero spirito di squadra evocato troppo spesso come fosse qualcosa piovuto dal cielo o dal buonumore occasionale di undici buontemponi, è molto concretamente dettato dalla disciplina sul campo. Mercoledì sera si gioca contro la Fiorentina, a stare alle parole del postpartita e al codice Mourinho, qualcuno starà a casa. Il toto-chi, scattato nella stampa a fine partita, lo lasciamo agli altri. È incidentale, chi. È fondamentale invece sapere che fuori dal coro delle dichiarazioni sempre uguali a se stesse, caute per amor di opportunismo, prudenti per giochi già visti, ci sia qualcuno che si prende le responsabilità della sua posizione. José Mourinho e il suo codice, uno su tutti.

LA GARA PERFETTA

In Inghilterra, patria del football, si teorizza che la gara perfetta è quella vinta 2-0 con un gol per tempo, ma anche uno 0-0, può essere sinonimo di match bellissimo. Bene, questo Genoa-Inter è stato bellissimo, forse non per quei tifosi che ragionano solo a suon di gol, che rimane comunque l'obiettivo per cui si scende in campo: vincere è fare gol. Una partita bellissima per quegli appassionati di calcio che vedono una gara come una sfida fra due tecnici capaci, durante la quale uno tenta in tutte le maniere di trovare il punto debole dell'avversario e l'altro cerca di replicare evitando il ko. Inter-Genoa è stata

i propri pezzi, sullo scacchiere di gioco, trovando sempre la giusta contromossa per le intuizioni dell'avversario. Mourinho alla fine avrà cambiato quattro volte lo schema, dal 4-3-3 tentato in due differenti momenti, al 4-4-2 per passare, dopo l'ingresso di Cruz, al 4-2-3-1. Gasperini di contro, per ammissione a fine gara dello stesso Mourinho, ha sempre trovato le giuste contromosse per difendere la porta di Rubinho. Potremmo definirla una gara molto tattica in cui i pedoni, ovvero i calciatori, sono stati mossi sul tappeto verde da due campioni delle strategie, José Mourinho e Giampiero Gasperini.

È anche un codice d'onore, rispettoso di undici campioni più cambi. Rende onore a un collettivo che perde quella consistenza impalpabile rubricata sotto la denominazione "spirito di squadra" e torna a essere un pragmatico gruppo di lavoro. Vincente, se possibile. Il codice Mourinho non è un dogma. Prevede anche i pareggi, pure le sconfitte. L'uscita da San Siro è a testa bassa, causa un pareggio da primi in classifica. Il campionato è una maratona, il fiato da dosare e le strategie per farlo sono davvero lunghe.

FIORENTINA - INTER

0-0

NESSUNA PAURA

Sembrerebbe una partita con buone chance, si è fermato Adrian Mutu, Gila è fuori, chissà se qualcuno ha fatto caso e poi raccontato al Mister che nella storia nerazzurra "approfittare" è un verbo mai andato di moda. All'Artemio Franchi va in scena Fiorentina Inter, infrasettimanale di autunno inoltrato, segnato dal pareggio precedente con il Genoa, dai "non commento" della vigilia di José Mourinho, il primo nel panorama nazionale degli ultimi anni a tacitare qualsiasi tema di confronto tranne la partita in oggetto opponendo una ferma resistenza a cadere nelle trappole dei dibattiti a mezzo stampa. Sembrerebbe e sembra, quando Mancini a poco dall'inizio si vede negare la rete di un soffio, e questo sarà comunque un motivo conduttore, una sorta di colonna sonora dell'intero match, quel cercare il gol senza riuscirci, con Zlatan Ibrahimovic che ancora una volta perfeziona il suo genio mettendolo al servizio del collettivo. Anche lui cerca di andare in rete, anche lui se la vede negare di un soffio. È una buona Inter con di fronte una buona Fiorentina.

Ma un fondo di inquietudine per il solo pareggio ci sta, soprattutto se rivisitato alla luce del fatto che il Milan vince e sorpassa. Strani stati d'animo, quelli del calcio. Si è pronti a scommettere che nessuno prenda davvero in considerazione quella fantastica strana coppia di vertice, il Napoli e l'Udinese, anzi, li si consideri dei "dead men walking" da alta classifica con i giorni contati, mentre il resto può fare impressione. È giusto questo, un'impressione e due pareggi consecutivi a fine ottobre davanti a due squadre ottime non decretano nulla, se non la testimonianza che si è ancora in fase di rodaggio. È la parola adatta per definire un'attitudine crescente ad assorbire schemi e atteggiamenti mentali, cui va aggiunta la considerazione che si sono smarrite varie figure in infermeria, controcanto positivo il recupero di Maxwell, di Vieira, il prossimo ritorno di Jimenez e di Cambiasso. E anche la volontà di lavorare comunque e sempre di campioni come Olivier Dacourt e Hernan Crespo. La notte fiorentina si chiuderà molto dopo il fischio finale, con un volo che deve fare i conti con l'aria di burrasca che sovrasta l'Italia. La prossima è a Reggio Calabria, rientro anche qui nella notte e partenza poche ore dopo per Cipro, destinazione Champions League.

FIORENTINA

Frey, Comotto, Gamberini, Krøldrup, Pasqual (87' Zauri), Melo, Kuzmanovic (69' Almiron), Montolivo, Santana, Pazzini, Osvaldo (74' Jovetic)

INTER

Julio Cesar, Maicon, Cordoba, Burdisso, Maxwell, Zanetti, Stankovic (83' Quaresma), Chivu, Obinna (63' Vieira), Ibrahimovic, Mancini (63' Crespo)

Arbitro: Roberto Rosetti

CLASSIFICA

Napoli	20	Palermo	13
Udinese	20	Lecce	10
Milan	19	Roma	10
Inter	18	Siena	9
Fiorentina	17	Torino	8
Genoa	16	Cagliari	7
Lazio	16	Sampdoria	7
Juventus	15	Bologna	6
Catania	15	Chievo	6
Atalanta	13	Reggina	5

JULIO CESAR VALE UN BOMBER

Essere il portiere di una grande squadra come l'Inter significa avere in molte partite 89 minuti in cui si svolge del lavoro d'ordinaria amministrazione, senza dover mai essere veramente impegnato. Poi all'improvviso, come un temporale estivo, che arriva veloce, inatteso e con la stessa rapidità se ne va, arriva un attacco degli avversari, micidiale, velenoso e tu devi essere pronto, concentrato, reattivo, immediato nel respingerlo. Questo deve saper fare il portiere di una grande squadra e se Julio Cesar è considerato uno dei migliori al mondo, è proprio perché, quando il lavoro chiama, lui è sempre il numero uno. Primo tempo, minuto 42, Cordoba anticipa Pazzini, tocca il pallone, siamo sulla linea che delimita l'area di rigore, l'arbitro fischia, punizione. Protestano i ragazzi, specialmente Ivan, che sa di aver toccato il pallone e non il piede

dell'avversario. Rosetti è irremovibile, punizione, pericolosissima. La posizione è un invito dolce. Si preparano Kuzmanovic, un destro e Pasqual, mancino. Julio Cesar chiama una barriera a 5, Ibra, Maicon, Zanetti, Stankovic e Obinna. Julio urla ai compagni di saltare, teme il colpo morbido a scavalcare la barriera, vera condanna per un portiere. L'arbitro fischia, parte Pasqual tira forte, teso, a mezza altezza. Obinna prova, uscendo dalla barriera, a opporsi, ma la palla va, veloce, verso l'angolo alla destra. Pasqual sembra pronto a urlare di gioia, il sogno del gol, alla prima gara della stagione da titolare, si spegne contro Julio Cesar, "l'acchiappasogni" che respinge e, sul tiro conseguente, si rialza a para. E' come aver fatto un gol. E nell'arco della stagione, nella classifica dei bomber, ci dovrebbe essere anche il suo nome.

2-3

REGGINA - INTER

"LAST MINUTE" NERAZZURRI

REGGINA

Campagnolo, Costa, Cirillo, Lanzaro (75' Cosenza), Valdez, Vigiani, Barreto, Carmona, Brienza (82' Tognozzi), Cozza (68' Di Gennaro), Corradi

INTER

Julio Cesar, Maicon, Cordoba, Chivu (75' Burdisso), Maxwell, Zanetti, Vieira, Quaresma (82' Obinna), Balotelli, Ibrahimovic, Mancini (58' Crespo)

Arbitro: Andrea De Marco
Reti: 9' Maicon, 24' Vieira, 34' Cozza, 53' Brienza, 91' Cordoba

CLASSIFICA

Milan	22	Atalanta	14
Inter	21	Siena	12
Udinese	21	Lecce	11
Napoli	20	Cagliari	10
Lazio	19	Roma	10
Juventus	18	Sampdoria	10
Fiorentina	17	Torino	8
Genoa	17	Bologna	6
Palermo	16	Chievo	6
Catania	15	Reggina	5

Reggio, stadio "Oreste Granillo", anticipo di sabato. Inter aggressiva, Inter che non vuole perdere e non perderà. Ma sarà una sfida al limite, anticipata dalla conferenza stampa in cui Mourinho mette alle corde i media, snocciolando, senza aggressività, le differenze fra anni diversi e panchine diverse, una lezione di precisione giornalistica che molte volte difetta nella nostra professione, volta a fare più opinione che cronaca. La partita di Reggio è splendida, anche se dire splendida di una partita che non vede come rivale una squadra di punta, può sembrare riduttivo. Invece è fantastica per forza impressa, per voglia di vincere dell'avversario, perché Ibra è magico e non fa differenza fra un campo di vertice e uno di provincia, perché entrerà Hernan Crespo e farà tutto il possibile per segnare, e dovrebbe essere uno con la sorte già segnata, ma nel calcio questo non lo può dire nessuno. In Italia non guardiamo in faccia a nessuno e la Reggina è un simbolo di come, dopo Calciopoli, il calcio sia libero, fiero e ribelle. Non li piegano neanche due reti, meravigliose per inciso. La prima è su suggerimento di Quaresma su Ibrahimovic per Maicon. Una coproduzione perfetta. Quello che era arrivato come un bravo sconosciuto ai più, un brasiliano di Novamburgo arrivato dal Monaco, impressionante come capa-

cità fisica ancora da affinare, è diventato davvero un simbolo. Patrick Vieira invece è arrivato da simbolo, ma è stato spezzato da molti infortuni, e ogni volta, con una sua capacità di assoluta forza ed eleganza, è tornato a calcare il campo con un ruolo fondamentale. Va in gol ed esulta con quella impalpabile euforia tipica del suo essere, la stessa leggerezza elegante con cui calca il campo con fermezza. Esistono, i due gol della Reggina, esistono eccome, anzi sono la chiave di volta della rabbia con cui si riesce a ribaltare la situazione.

Alla fine, deciderà Ivan Ramiro Cordoba. Hanno perso occasioni in tanti, nel frattempo. Si era meritato di vincere, si era giocato con cuore e con abilità, anche con una buona dose di sfortuna, vocabolo che non rientra mai nelle analisi di Mourinho. Qualsiasi mister abbiamo conosciuto alla dea bendata concedeva qualcosa, lui no. Ivan sigla il risultato alla fine dei giochi, alla fine estrema. Lo fa con un gesto tecnico fantastico, e col cuore che sa di avere chi da tanto, da infinito tempo, gioca qui, veste questa maglia, si adatta disciplinatamente al credo dettato dagli allenatori che il club sceglie. Un prezioso guerriero, contro un'ultima in classifica agganciata caparbiamente a una delle sue ultime occasioni. A Cipro fa caldo e tutto questo è già superato dalla cronaca.

VIEIRA IN RETE

C'è un giocatore nell'Inter che, come nessun altro, ha enormi qualità nel muoversi senza palla e inserirsi nelle difese avversarie. È Patrick Vieira. La capacità del francese di muoversi in verticale puntando la porta avversaria, andando ad attaccare gli spazi che si creano sempre fra le linee difensive, è unica. Patrick si muove e il pallone arriva sempre dove lui va a chiudere l'azione. Il gol contro la Reggina ne è un classico esempio, palla recuperata su pressing di Ibra nella tre-quarti dei calabresi e Vieira, in quel momento in fase di rientro, riparte subito verso la porta dei reggini. La palla è lontana, ma lui capisce che può entrare nell'azione.

Zlatan tocca per Quaresma che controlla con il destro e, con una grande giocata, scarica con il sinistro il pallone alle sue spalle, dove il campo è tutto vuoto, ed è lì, nella zona giusta, che arriva con le sue lunghe leve Patrick, che può entrare dal lato destro del campo in area di rigore e battere con un velenoso rasoterra, che passa sotto le gambe il portiere della Reggina, Campagnolo. Tutto molto facile, ma solo grazie all'intuizione di Patrick di ripuntare l'area avversaria non appena i compagni hanno recuperato un pallone, facendosi trovare pronto per il suo classico inserimento da dietro.

IL CARATTERE

Minuto 91. Il tabellone dice Inter 0 Udinese 0. Gara stregata, l'Udinese, che sogna il primato in classifica, non riesce a fare il suo gioco, perché l'Inter pressa bene, non la fa ragionare, resta corta, aggressiva, ma di contro trova molto traffico dalle parti di Handanovic in grande giornata. Il portiere bianconero salva più volte su Ibra, Quaresma, Cruz e viene salvato dal palo su uno strepitoso tiro dai 25 metri di capitan Zanetti. Il risultato non si sblocca. Mourinho non molla, bisogna crederci fino all'ultimo. A Reggio Calabria, una settimana prima, i tre punti sono arrivati su corner al minuto 90, con la zampata vincente di Cordoba. Minuto 91. Corner dalla sinistra. Batte Obinna: è un destro, ci sarà palla ad entrare. È forte e corta sul primo palo,

la difesa dei friulani sbanda e dentro l'area piccola arrivano in due in contemporanea, Cordoba, ancora lui come a Reggio, e Julio Cruz, l'uomo dei gol pesanti. Cruz anticipa da grande bomber il difensore Cordoba, ma ciò che conta è che uno dei due riesca a mettere alle spalle di Handanovic. Mancano 90 secondi al fischio finale di Morganti. È il gol del vantaggio che vale 3 punti. Questa squadra ha carattere, la grinta del suo tecnico, che dalla panchina offre sempre a chi è in campo il segnale chiaro. Si deve cercare di vincere, sempre, fino a che non arriva il triplice fischio. Lui dalla panchina lo fa con i cambi, con i suggerimenti, ma in campo tutti i ragazzi riescono ad applicare questa volontà. È il carattere dell'Inter, che scavalca

91', L'ATTIMO VINCENTE

INTER - UDINESE

1-0

Dici Udinese e non hai poi dei gran bei ricordi, non solo perché è dal 26 febbraio 2006 che non la si batte, ma anche perché chi ha buona memoria nerazzurra non può amare tanto i bianconeri friulani, vengono in mente vecchi spezzoni di sconfitte anche a casa loro, viene in mente quel 5 maggio. Dici Udinese e piombi nel presente di un campionato davvero agguerrito, dove sembra che la tradizionale e vagamente impietosa dicitura calcistica che divide le "grandi" dalle "provinciali" sia ormai utile solo per dare fiato alla bocca. Se sia una caratteristica che avrà una sua costanza, non è detto, sicuramente ha in questo momento un valore tecnico e numerico, in termini di classifica, inconfutabile. Si arriva a San Siro con un ultimo sole autunnale e con la certezza che non sarà un pomeriggio rilassante, più di tutti lo sanno giocatori e tecnico, i novanta minuti che seguiranno hanno un valore che va contestualizzato nella enorme aspettativa che l'Inter di Mourinho ha creato. Ci si attende solo una vittoria, ci si scorda che sono i primi mesi di campionato con un tecnico nuovo e quindi un rodaggio ci deve essere, non si fanno sconti a nessuno, tanto meno al povero Quaresma, catapultato da idolo portoghese a partecipante al campionato italiano, con tutto quello che ne consegue. Povero? Sì, assolutamente e non nel senso retributivo del termine, perché San Siro concede raramente il tempo di ambientarsi, ha

le sue abitudini, nell'anno migliore di Ronaldo, c'era chi gli urlava "ma vai a lavorare!" se solo "trotticchiava" in campo, un suo modo tipico, allora, di aspettare per sferrare una mossa decisiva. Il calcio è anche questo, ci mancherebbe, è anche una voglia matta di vincere a San Siro contro quell'Udinese improvvisamente assurta a grande, è schiacciarla nella metà campo nerazzurra con continuità, ma senza arrivare alla rete. Si aspetta, si aspetta molto, si vedono i cambi che il Mister fa velocemente, senza aspettare quegli ultimi dieci minuti cui ci hanno abituato altri. Victor Obinna è velocissimo, è una sua grande qualità e Julio Cruz è quello che è sempre stato.

Finiscono, i novanta minuti in programma, con lo spettro di quello zero a zero che campeggia sul tabellone in bella e orrida evidenza, bella come grafica e orrida per chi gioca, per chi allena e per chi assiste. I last minute vanno di gran moda, quindi perché sottrarsi, San Siro esplode di gioia al gol che Cruz mette in rete di testa ribadendo il provvisorio primato in classifica. Last minute nerazzurri, ma anche rossoneri. Il campionato sembra un'autostrada a ferragosto, affollata quanto basta per concedere solo sorpassi brevi, decisivi e non definitivi. Al momento, vale la regola di godersela fino in fondo, in un lunedì da primi in classifica e da primi nel girone di Champions League, nonostante il roccambolesco pareggio a Cipro.

INTER

Julio Cesar, Maicon, Cordoba, Samuel, Maxwell, Vieira (72' Stankovic), Cambiasso, Zanetti, Quaresma (46' Cruz), Ibrahimovic, Balotelli (63' Obinna)

UDINESE

Handanovic, Ferronetti, Coda, Domizzi, Lukovic, Inler, D'Agostino, Isla, Pepe (89' Motta), Quagliarella, Floro Flores (73' Sanchez)

Arbitro: Emidio Morganti
Reti: 91' Cruz

CLASSIFICA

Inter	24	Atalanta	14
Napoli	23	Lecce	12
Milan	23	Siena	12
Lazio	22	Torino	11
Juventus	21	Roma	11
Udinese	21	Cagliari	10
Fiorentina	20	Sampdoria	10
Genoa	20	Bologna	7
Catania	18	Chievo	6
Palermo	16	Reggina	5

0-2

PALERMO - INTER

IBRA, IL DIO DEL TUONO

PALERMO

Fontana, Cassani (79' Ciaramitaro), Carrozzieri, Bovo, Balzaretti, Liverani (64' Lanzafame), Migliaccio, Bresciano (56' Budan), Simplicio, Miccoli

INTER

Julio Cesar, Maicon, Cordoba, Samuel, Maxwell, Cambiasso, Vieira (87' Burdisso), Zanetti, Muntari (67' Stankovic), Ibrahimovic, Cruz (79' Mancini)

Arbitro: Paolo Tagliavento
Reti: 46' e 62' Ibrahimovic

CLASSIFICA

Inter	27	Palermo	16
Milan	26	Roma	14
Juventus	24	Siena	13
Napoli	23	Cagliari	13
Lazio	22	Sampdoria	13
Catania	21	Lecce	12
Udinese	21	Torino	11
Fiorentina	20	Bologna	8
Genoa	20	Reggina	8
Atalanta	17	Chievo	6

È già buio pesto quando si arriva allo stadio di Palermo, nel pomeriggio c'è stato un attimo in cui il cielo s'è striato di rosa verso la terra, di nero verso il mare e ha lasciato uno spazio azzurro sopra la città. Quasi un tributo alla partita che verrà. Indispensabile per il Palermo vincere, tira aria di burrasca interna, indispensabile per l'Inter vincere, ma questo succede sempre. Non fosse che quella Juventus lassù infastidisce, magari solo come sensazione, senz'altro non preoccupa i protagonisti sul campo, ma è una specie di cerchio alla testa per chi assiste. Non grave certo, ma pur sempre tedioso. Stadio esaurito e afflitto dalla sindrome della piccola contro la grande, cori stizziti soprattutto contro José Mourinho, magari memori della famosa frase del 2004 sulle scorte palermitane, e scorte davvero schierate in alto sulla tribuna autorità. Città ancora difficile che regala novanta minuti più recupero di freschezza e aria pulita a chi la affronta ogni giorno con la necessità di essere tutelato dallo stato anche solo per comprarsi un giornale, città in lotta e conseguenti miracoli del calcio, panacea universale per ogni problema.

Non delude il Palermo nel primo tempo, anzi illude. Bastano ventidue secondi a Zlatan Ibrahimovic per spezzare sogni e reni alla squadra di casa all'inizio del secondo. Poi, si dirà che questo è lo Zlatan migliore di sempre, sicuramente ha lo stato di grazia del genio completo, è ispirato dal Mister, ma non è solo. Si dice che nel calcio si vince e si perde in undici, ed è così. Si dice, ma si

ferma nella memoria solo chi sigla il vantaggio. E gli basta anche una punizione, una meravigliosa punizione, una punizione da manuale, a più di 120 chilometri all'ora, per confermare che, poi, nell'album dei ricordi e nei manuali da consultare, ci sarà lui a siglare la vittoria.

Mentre la fetta nerazzurra dello stadio intona "i Campioni d'Italia siamo noi", ogni volta che Zlatan prende la palla, il fiato dei padroni di casa rimane sospeso. Così è anche quando sfiora la terza rete, ma qui Jimmy Fontana fa il meglio che un portiere di sicura esperienza può fare e viene da chiedersi perché non sia stato fra i migliori nei suoi anni d'oro. Prende forma la cordata, il partito, l'onda di chi vuole Ibra pallone d'oro.

E finisce la partita, che è stata quella del Mourinho aspirante mago, nel senso herreriano del termine, che aveva dichiarato senza alcun timore che allo scontro con i bianconeri saremmo arrivati con un altro punteggio, e realmente mago nei cambi e nella duttilità di interpretazione della partita, di una squadra che non ha paura. Garbiele Salvatores e il suo ultimo film rappresentano una splendida metafora dei nerazzurri, di un Ibra che, per chi vuole divertirsi, chiameremo il "dio del tuono": Passilina, autore davvero divertente e profondo del mondo svedese e scandinavo ne fece un libro magistrale.

L'Inter lascia Palermo che è già il giorno dopo. Adesso, atterrando nella notte freddissima di Milano, è concesso concentrarsi su Inter-Juventus.

IL ROMBO

Un grande allenatore è quello che non è figlio
di un solo metodo di gioco, ma quello che sa
cambiare, sa leggere, sa capire in ogni momento,
anche nella stessa partita, quale sia la strategia,
le migliori posizioni da fare tenere in campo
ai propri giocatori, per vincere una gara. Mourinho
è un grande allenatore, questo lo dicono in tanti
e a ragione: lo dimostra anche a Palermo, dove
vi è una significativa svolta nella stagione. Dopo
aver sempre visto la squadra schierata con il 4-3-3,
modulo presentato a inizio campionato come
quello preferito, contro i rosanero, Mourinho valuta
l'avversario, guarda negli occhi e nelle gambe i suoi,
e svolta. Via il 4-3-3 e cambio di modulo con
un 4-3-1-2, con Muntari nel ruolo di centrocampista
più avanzato. Il rombo paga immediatamente,
Muntari spegne Liverani, la fonte della manovra
dei siciliani; le due punte Cruz e Ibra non sbagliano
un movimento e, dopo un primo tempo più
contratto, la ripresa vede l'Inter più rapida
nelle giocate e, con questo, arrivano i gol di Ibra
che spianano la strada a un successo che non
ammette repliche. Con questa prestazione si prende
coscienza di una grande duttilità da parte di questo
gruppo che Mourinho ha plasmato in modo
da poter variare in campo le posizioni dei giocatori,
trasformando l'assetto del proprio undici senza
difficoltà. Queste sono le qualità di una grande
squadra e di un grande tecnico.

INTER

Julio Cesar, Maicon, Samuel, Materazzi, Maxwell, Cambiasso, Zanetti, Muntari (92' Vieira), Stankovic (87' Burdisso), Ibrahimovic, Adriano (85' Cruz)

JUVENTUS

Manninger, Grygera, Legrottaglie, Chiellini, Molinaro, Marchionni (70' Camoranesi), Tiago (4' Marchisio), Sissoko, Nedved, Amauri (77' Iaquinta), Del Piero

Arbitro: Nicola Rizzoli
Reti: 72' Muntari

CLASSIFICA

Inter	30
Milan	27
Napoli	24
Juventus	24
Fiorentina	23
Lazio	23
Genoa	21
Catania	21
Udinese	21
Atalanta	17
Palermo	17
Roma	17
Siena	16
Sampdoria	16
Cagliari	14
Lecce	12
Torino	12
Reggina	11
Bologna	9
Chievo	6

PRINCIPE, PER UNA NOTTE, RE

Una sera gelida, una sera di altri tempi, una sfida che non finirà mai.

Uno stadio stipato in ogni ordine di posti, neanche fosse una finale di coppa. Un vento freddo che spazza le facce di chi non vuole, fra novanta, minuti uscire da sconfitto. Una partita che ha fatto, fa e farà sempre storia. Inter-Juventus, stadio di San Siro, ore 20.30 del 22 novembre 2008.

La storia di questa partita è talmente ripetuta in questo secolo, e così combattuta, che non basterebbe un libro per raccontarla tutta. La storia di questa partita in un assaggio di inverno è così intrecciata di volti, delusioni, illusioni, sogni e vite che è problematico riassumerla. Ci sono i volti del campo e ci sono quelli di chi ci crede dalle tribune. C'è chi si siede in panchina e ha già ingoiato il rospo e chi corre il rischio di diventare il rospo della favola, ma di non riuscire a trasformarsi in principe. Si perdona difficilmente una sconfitta nerazzurra a San Siro contro i bianconeri. Questa partita così uguale alle altre, per banali punteggi di classifica, è assolutamente unica per voglia di riscatto. Fa storia a sé, nel cuore di tutti e il cuore è qualcosa di anarchico, non obbedisce alle classifiche.

Chi potrebbe non riuscire a trasformarsi in principe è José Mourinho, chi ha già ingoiato il rospo, a Londra, di trovarselo sulla strada, è Claudio Ranieri. È adesso che succede. Il principe ce la fa, anzi, per una notte, diremo che diventa un re. È adesso perché mette in campo la formazione perfetta, lo fa "fregandosene" di tutto, tranne che della sicurezza di aver scelto undici uomini al massimo. Adriano, per esempio, a sorpresa o forse no, diciamo a effetto, fin dal primo minuto e va benissimo così, perché se gestirlo vuol dire poi vederlo talmente partecipe ed efficace, da far dimenticare qualsiasi ombra e lasciar posto solo alla luce, non c'è altro da commentare. È un'Inter di sola luce, con un livello di concentrazione estremo, che non lascerà scampo all'avversario. Se Mourinho, il re di questa notte, aveva chiesto a Stankovic di tornare quello che era ancora prima dell'Inter, adesso sa di avercela fatta. È totale la forza della lealtà e della dedizione con cui Deki non tradisce nessuna aspettativa, neanche la più alta, nei suoi confronti. La notte ha una sua magia da partita a poker, giocata con intelligenza e forza fisica, e finirà davvero in una stangata di hollywoodiana memoria. Ma ci

vorrà tempo, anche se Zlatan Ibrahimovic tenterà di tutto e ovunque, finendo per pennellare a favore di Sulley Ali Muntari la rete del vantaggio. Sulley e la sua danza d'amore, la sua gioia sfrenata di vincente, Sulley arrivato all'Inter in un giorno d'estate con un bel bagaglio appresso di incredulità generale. È riduttivo e ingeneroso citare solo qualcuno dei giocatori, perché nessuno, nella notte della Juventus si è risparmiato un fiato, uno sforzo, un muscolo.

Ne manca uno, uno che ha vissuto una giornata che ricorderà per sempre, da raccontare e "ri-raccontare" a chi starà ad ascoltarlo anche fra tanto. Perché Esteban Cambiasso aveva passato una notte insonne, Claudia era entrata in travaglio e questa giornata era iniziata sotto la stella più favorevole che esista nella vita. Una nuova nascita, alle 7 e 57 minuti del 22 novembre. Lei si chiama Victoria, è bellissima, è il sogno dei suoi genitori. Inter-Juventus sfuma nella notte dei rospi, uno in più per Ranieri, che nelle parole del prepartita ha perso un'occasione per tirare una riga sul passato e ha definito l'Inter campione nelle ultime due stagioni, quello giusto per José Mourinho, diventato definitivamente principe e, per una notte, re.

NETTO PREDOMINIO

La sfida scudetto annunciata è Inter-Juventus. Lo stadio è stracolmo e attende solo l'occasione per esplodere di gioia, che arriva nel secondo tempo.
Una gara in cui l'Inter riesce ad avere il predominio sulla Juventus. Le strategie per vanificare le logiche preferite dai bianconeri, che pensano alla solita difesa alta, per mettere in fuorigioco i nostri attaccanti, sono vincenti.
Mourinho sa bene come spuntare quest'arma difensiva degli juventini, pressing, recupero palla, lancio oltre la linea dei difensori, per mettere in difficoltà la squadra di Ranieri, grazie agli inserimenti dei centrocampisti. Questa logica porta a un dominio, che non si tramuta in gol, ma che offre a tutti sugli spalti la sensazione netta che sia solo questione di tempo. L'Inter è forte, più forte della Juve di questa sera, serve pazienza. Il gol arriva nella ripresa, ma è il frutto della grande supremazia che si è vista in campo, come testa e come fisicità, e guarda caso i movimenti dei centrocampisti sono quelli che fanno esplodere l'intero stadio. Lancio dalla tre-quarti difensiva a cercare le due punte, Adriano e Ibrahimovic, forza fisica e tecnica, il duello dei due contro i centrali bianconeri, porta a un tiro cross di Ibrahimovic, su cui arriva come un fulmine Muntari, ovvero l'inserimento del centrocampista che con Stankovic, per tutta la gara, aveva accompagnato la manovra offensiva con sistematici e pericolosi inserimenti. Il tocco sotto misura è goffo, ma efficace, Manninger è battuto e i tre punti contro la Juventus valgono primato e + 6 sui bianconeri che perdono il primo match ball.

2-1

INTER - NAPOLI

IL MEGLIO DEL CALCIO

INTER

Julio Cesar, Maicon, Cordoba, Samuel, Maxwell, Cambiasso, Zanetti, Muntari (90' Jimenez), Stankovic (84' Burdisso), Cruz (72' Adriano), Ibrahimovic

NAPOLI

Iezzo, P. Cannavaro, Rinaudo, Aronica, Maggio (79' Denis), Pazienza (84' Bogliacino), Hamsik (66' Blasi), Gargano, Mannini, Zalayeta, Lavezzi

Arbitro: Roberto Rosetti
Reti: 16' Cordoba, 25' Muntari, 36' Lavezzi

CLASSIFICA

Inter	33
Milan	27
Juventus	27
Napoli	24
Fiorentina	23
Lazio	23
Genoa	22
Catania	22
Udinese	21
Atalanta	20
Palermo	20
Roma	20
Siena	19
Cagliari	17
Sampdoria	16
Lecce	13
Torino	12
Reggina	11
Bologna	10
Chievo	9

Nell'ultimo giorno di novembre, quando il solstizio d'inverno è ancora lontano, San Siro accoglie il Napoli come un catino gelido e un po' sbertucciato sul fondo. Napoli promessa della stagione in corso, Napoli emblema di un campionato che non conosce padroni, Napoli ennesima leggenda annuale di chi ce la fa a mettere in crisi le grandi, ma verso quest'epoca scricchiola. Appena un po', sia chiaro.

Il Napoli che scende in campo a San Siro vorrebbe assolutamente continuare la sua storia di sfidante senza macchia, ma il fatto è che ha di fronte l'Inter, e non una qualsiasi delle cosiddette grandi. Neanche uno degli uomini scelti da José Mourinho è per inciso meno che grande, perfino il piccolo, per motivi anagrafici, Davide Santon, che scende in campo per il riscaldamento e intanto che San Siro si domanda cosa stia succedendo, lui sa perfettamente che potrebbe essere il suo momento. La storia nella storia è quella di Douglas Maicon, una contrattura che si manifesta all'ultimo, una decisione da prendere solo dopo il riscaldamento, la differenza fra rischiarlo o metterlo a riposo, di quest'ultima idea praticamente tutti, tranne uno: lui, Maicon, non ha nessuna voglia di star fuori. È talmente deciso che anche il Mister, uno che ha il culto della forma fisica perfetta, deve averlo guardato negli occhi e avergli letto dentro una tale determinazione da convincerlo che seguire la volontà del giocatore sarebbe stato un bene. Imperdonabili, dopo, quei fischi a un campione così generoso. Davvero imperdonabili, si possono solo definire così. Basta molto meno di un tempo all'Inter per mettere alle corde il Napoli, basta poco all'arbitro Rosetti per inanellare una serie di stranezze che non altereranno l'andamento della partita, ma di sicuro non contribuiranno a un percorso lineare. Al sedicesimo minuto di partita c'è una rete magnifica, degna di un grande attaccante, se non fosse che la segna un difensore, Ivan Cordoba lo fa con una scioltezza meravigliosa, e si produce in una capriola che non gli avevamo mai visto fare. Sulley Ali Muntari, quello che contro la Juventus aveva segnato un gol fondamentale, ma che tutti avevano definito una rete un po' così, deve aver pensato di essere capace di ben altro. E infatti, meno di dieci minuti dopo la rete di Cordoba, segna su un magistrale passaggio di Julio Cruz la seconda rete, anche lui lo fa benissimo, tanto che queste due reti saranno le più belle della giornata. Di nuovo quel mezzo cuore rivolto alla tribuna dove siede la sua compagna, di nuovo quel genuflettersi sull'erba che unisce credo religioso e gratitudine per l'Inter, ci si abbraccia, si rimane aggrappati al vertice della classifica, ma dire che la partita è finita sarebbe troppo e pure ingeneroso nei confronti del Napoli, che fino a questo punto è stato fin troppo appiccicoso (in termini di attaccamento alla maglia altrui), ma anche veloce ed efficace. Lavezzi sbuca di fronte a Julio Cesar e segna la terza rete più bella della giornata, è come se San Siro fosse deputato a ospitare il meglio del calcio. Il resto sarà battaglia fino alla fine, un Ibra ovunque, un Muntari strapazzato da Walter Gargano, uruguaio stoltamente insofferente nei confronti di chi ha la pelle di un colore diverso dalla sua, fino all'entrata di Luis Jimenez in campo per gli ultimi minuti, finalmente recuperato. L'Inter a sera tarda salirà a più sei sul Milan, a dimostrazione che le campagne acquisti si fanno non solo per scopi pubblicitari. Nel lunedì di riposo i campioni d'Italia possono distendersi. La tregua dura poco, sabato sera si gioca a Roma contro la Lazio.

IL GOL DI MUNTARI

Quando prepari una gara, pensando
ad alcuni movimenti necessari per poter pungere
l'avversario, e poi, proprio grazie al lavoro
della settimana, grazie a quei movimenti, riesci
a fare il gol partita, la soddisfazione sia nel tecnico,
sia nei giocatori è altissima. Contro il Napoli
il gol di Muntari è frutto di un movimento
sicuramente preparato in settimana e tentato,
prima del gol, molte altre volte.
Palla sulla laterale, verticalizzazione per
il movimento ad allargarsi di una delle due punte,
inserimento a rimorchio del centrocampista
e conclusione in porta. Il gol di Muntari
è praticamente così. Maicon sulla destra
verticalizza per Cruz che, con un movimento
dal centro verso l'esterno destro, si porta dietro
la difesa del Napoli e lascia spazio alle sue spalle
per l'inserimento di Maicon, che tira verso
la porta di Iezzo. Sulla traiettoria, fotocopia
del gol della settimana precedente contro
la Juventus, arriva Muntari, che sfodera un tacco
alla Hernan Crespo, alla Zamorano, e segna
un gol bellissimo. Tre tocchi, di prima, per far
saltare la diga predisposta da Edy Reja e un gol
da incorniciare, bellissimo nella conclusione ma
ancora più impreziosito dallo schema elaborato
per arrivare al tiro. Il lavoro paga.

0-3

LAZIO - INTER

I 100 SECONDI DI SAMUEL

LAZIO

Carrizo, De Silvestri, Diakité, Rozehnal, Kolarov, Ledesma, Dabo (45' Brocchi), Mauri, Foggia (77' Meghni), Zarate, Pandev (31' Rocchi)

INTER

Julio Cesar, Maicon, Cordoba, Samuel, Maxwell, Cambiasso, Zanetti, Muntari (78'Figo), Stankovic (86'Mancini), Cruz (28'Crespo), Ibrahimovic

Arbitro: Daniele Orsato
Reti: 2' Samuel, 48' Diakité (A), 55' Ibrahimovic

CLASSIFICA

Inter	36
Milan	30
Juventus	30
Napoli	27
Fiorentina	26
Genoa	25
Atalanta	23
Lazio	23
Roma	23
Catania	22
Udinese	21
Palermo	20
Cagliari	20
Siena	19
Sampdoria	16
Lecce	13
Reggina	12
Torino	12
Bologna	11
Chievo	9

A Roma si arriva di venerdì e a balzi ritmici, nel senso che chi non gradisce le turbolenze in volo avrebbe fatto meglio a starsene a casa. Ultima mezz'ora a sorvolare, anzi, a immettersi nella sottospecie di uragano che ha bloccato l'aeroporto. Diluvia, il volo dell'Inter è il primo a reinserirsi in un piano di atterraggio regolare. Il giorno dopo, l'Olimpico è pieno e la Lazio in grande spolvero, a proposito di polvere, è così che ha ridotto il Milan in Coppa Italia. L'Olimpico è pieno e i nerazzurri non si tirano indietro. La fetta dedicata agli interisti è colma, e questo avrà la sua importanza, dopo.

Al momento, si ha l'idea che il Mister confermi chi c'era l'ultima volta, e che la Lazio abbia una gran voglia di bissare la manovra di polverizzazione delle milanesi. La Lazio è una squadra che ha una sua intrinseca dignità, Delio Rossi non fa mai uscite a effetto ma è un ottimo professionista e un uomo di cuore, in tribuna si rivede Cragnotti, segnato dalle rogne legali e striato di rughe, qui è quello che la gente ricorda non per aver messo alle corde i risparmi degli italiani che si fidavano dei marchi nostrani, ma per aver fatto grande un club. Lotito avrà il suo consueto daffare alla fine con la tifoseria che non riuscirà mai ad amarlo fino in fondo e l'impressione è che fra cori e passione biancoceleste, il loro sia una specie di matrimonio di quelli in cui si litiga sempre e non ci si lascia mai. Cento secondi. Magari, uno più, uno meno. Bastano cento secondi all'Inter per segnare il primo gol, e lo segna – per inciso bellissimo – Walter Samuel, uno che dopo sprecherà poche parole e quasi meno di cento secondi per celebrarlo, Walter è un uomo di lunghi silenzi, che non concede mai nulla all'immagine pubblica, ma dedica tempo e forza alla sua professione. È uno che potevamo correre il rischio di dimenticarcelo in infermeria, ma da quella infermeria ha voluto uscire con la stessa forza che aveva messo in campo al momento in cui un infortunio "bastardo" l'aveva bloccato. Cento secondi sono pochi. Non determinano una partita. Sono solo l'inizio. Il resto, di quei quasi novanta minuti che ancora devono dipanare l'esito della partita, saranno un patrimonio comune a tutti quelli che scendono in campo. Si rivede Hernan Crespo, non fortunatissimo, ma efficace. Prende il posto, sotto una selva di fischi dell'Olimpico, cui neanche la tribuna nerazzurra può far qualcosa, di Julio Cruz, perché Julio sta male. Anche la Lazio ha i suoi guai, Goran Pandev esce pure lui. Il primo tempo scorre via. Fino a quell'ultimo minuto in cui la Lazio non ce la fa proprio ad arginare l'Inter e finisce dritta nella trappola di un autogol clamoroso. Due a zero, finisce il primo tempo, senti vociche declamano rimonte, ma non ci sarà storia. È Zlatan Ibrahimovic che decide, con un terzo gol. Ed è lì, che succede. All'Olimpico, non capita mai, è uno stadio col boato incluso, un boato senza pause, molto corroborante per chi gioca in casa e decisamente irritante per chi gioca in trasferta. Ma qui, adesso, l'Olimpico cede. Scende il silenzio e si sentono i cinquemila, forse di più, tifosi nerazzurri. Solo loro, quasi con più forza che a San Siro. Il resto della cronaca prevede la registrazione di una rete annullata alla Lazio, di una ripetizione senza esito, della rabbia locale nei confronti dell'arbitro, ma anche della coscienza che tanto c'era poco da fare. È una notte romana a nove punti sulle seconde, senza che nessuno si faccia ingannare dal vantaggio temporale. Gli altri giocano di domenica, e che giochino. Alla fine, l'Inter di José Mourinho è sempre in testa, il freddo di Brema si avvicina, anzi, è già qui, partenza il lunedì di prima mattina. Primi in campionato, primi nel girone di Champions si vedrà. Inutile fare dei calcoli, il primo a sottrarsi è Mourinho. Questione di orgoglio, dice. Tradotto, vuol dire, con questo potenziale, secondi a nessuno. Mario Balotelli destinato alla Primavera diceva di aver giocato per la squadra. Che ha vinto, anzi, convinto, se mai ce ne fosse stato bisogno. Il resto sarà storia, all'Olimpico la storia è già passato.

LO SCORPIONE DI IBRA

I tifosi vivono con passione i novanta minuti
della partita, della propria squadra del cuore,
nella speranza di assistere a una vittoria
e quindi confidano di poter urlare di gioia
e applaudire i gol dei propri beniamini.
Ci sono, però, gesti tecnici nell'arco dei 90'
che esaltano l'appassionato di calcio: in quei
momenti i virtuosismi propri di pochissimi calciatori
al mondo, fanno dimenticare il colore della maglietta
dell'autore di quel preziosismo.
In Lazio-Inter – aldilà del gol bellissimo di Samuel,
della sfortunata deviazione di Diakite e del sigillo
di testa di Ibrahimovic – vi è stato un momento
che tutti ricorderanno, sia gli appassionati di calcio
presenti all'Olimpico, sia coloro che hanno assistito
al match attraverso il piccolo schermo. Uno di quei
momenti in cui si applaude un campione, per
il gesto che esegue e non per la maglietta che
indossa. Minuto 27 del primo tempo, Maicon
dalla propria tre-quarti destra cerca, con un tocco
morbido, di servire Ibrahimovic, che considera
il pallone troppo alto per andarci con un colpo
normale e inventa, di conseguenza, un colpo dello
scorpione a un metro e mezzo d'altezza e,
con il tacco destro, impatta la sfera e la serve,
con una traiettoria lungolinea perfetta, a Stankovic
che era partito sulla corsia laterale. Quello
che accade dopo non conta, l'immagine si sbiadisce,
perché l'attenzione e l'applauso sono solo per Zlatan,
un campione che coinvolge tutti. Lo scorpione
di Ibra. Non è un gol, non è un assist per un gol,
è un colpo a centrocampo, però talmente bello
da diventare l'immagine della partita.

L'AVREI FATTO ANCH'IO

Ci sono gesti, nella vita di tutti i giorni,
che sono ripetitivi, facili, che sono frutto
di abitudine e che, proprio per questo
motivo, appaiono come i più semplici
da fare. In alcuni casi, anche un gesto tecnico
in campo, può essere eseguito
con semplicità e, a vederlo da una tribuna
o da uno schermo, viene quasi da dire:
"facile, lo avrei fatto anch'io".
Minuto 2 del primo tempo Maxwell prende
palla sulla sinistra, come tante altre volte,
la gioca in verticale per Obinna che viene
incontro, inseguito dai difensori veneti.
Obinna la appoggia di prima all'indietro
per Deki. Nel frattempo Maxwell, continua
la sua corsa in verticale lungo la fascia
e Stankovic, di prima gli mette il pallone,
preciso, pulito, in verticale, dietro
la linea dei difensori dove Max arriva tutto
solo in area contro Sorrentino.
È una triangolazione con tre uomini, anziché
due, eseguita con maestria, un'azione
da manuale del calcio. Il difensore Frey,
in affanno, cerca di chiuderlo, ma Maxwell
con semplicità cambia piede, sinistro, destro
e lo manda a vuoto, guarda Sorrentino
e con un tiro preciso lo batte. Sugli spalti
c'è chi dice "tutto talmente facile che l'avrei
fatto anch'io".

VENTO FREDDO DALLA SVEZIA

4-2   INTER - CHIEVO

Difficile da dichiarare pubblicamente, ma chi è davvero interista, lo sa. Almeno se lo sente addosso, ha una specie di presentimento, infatti chi è davvero interista, in questa domenica di primo pomeriggio è già a far la fila ai tornelli. Quelli che invece ai fornelli, di casa chiaramente, sono stati costretti da varie storie di vita – la lontananza da San Siro, il maltempo, la vicinanza magari con una suocera incombente, storie che capitano, anche ai nerazzurri –, devono fremere a distanza.

Sarà anche il Chievo, ma questa è una partita topica, di quelle che se le perdi o se le pareggi hai già sottoscritto una tua ipoteca al dubbio. Ci è già successo. È meglio non accada anche ora, alle 15, del 14 dicembre 2008. C'è ancora molto da fare, restare impantanati qui, non sarebbe cosa. È l'ultima al Meazza, prima di Natale e dell'anno nuovo e degli auguri e delle feste. La Champions s'è arenata a Brema, il resto si vedrà. Lo stadio ha un campo nuovo, ma ha anche corso il rischio di farlo con un meteo avverso e a poco dalla sosta. Basta poco per avere il vantaggio, questione di minuti, segna Maxwell, uno che non è abituato a segnare, ma quando lo fa, lo fa benissimo. Maxwell è il miglior amico di Ibra, magari Ibra gli ha dato qualche suggerimento, o forse è la parte brasiliana di Maxwell che lo guida. È una bella rete. Non basta, perché Dejan Stankovic sta raddoppiando. Deki quello che doveva andarsene, in estate, ma non ci ha mai creduto. Cosa che già per se stessa dovrebbe mettere in guardia il nerazzurro doc da quello che si dice, dalle voci dei ben informati che spacciano certezze. Deki che ha detto a se stesso: "Questa è la mia casa e ci resto. E non sono il protetto di nessuno perché a proteggermi ci penso io, da solo". Non del tutto solo, aveva José Mourinho alle spalle. Il Mister sta affrontando quello che altri hanno già affrontato, l'imprevedibile, il fatto che il Chievo ha messo in rete un gol inafferrabile e una rete fortunata, talmente al limite che chi era davvero a San Siro è stato tentato di rubricarla alla voce autogol. Non lo è stata. Così, la storia di una paura durata pochissimo, e neanche ammissibile nel credo Mourinho, viene subissata di cambi. Vincere, questo è il credo del Mister.

Quel che segue sarà un inno, a un giocatore che non si sottrae mai agli assist, che non mette mai in gioco solo se stesso, che ha scelto l'Inter in un momento di storia del calcio delicato, che qui ha trovato una destinazione finale. Zlatan Ibrahimovic. Ibra segnerà due volte, esattamente come a Parma, spazzando via da San Siro quella manciata di minuti di inquietudine, di déjà vu, che aveva caratterizzato un pareggio improbabile. Intanto che un vento freddo, molto svedese, spazza lo stadio, lui segna a maniche corte, dettaglio assolutamente non calcistico, ma curioso. Lui e Deki non temono davvero nulla. Alla sera, dopo il posticipo, l'urlo dello stadio "Milano siamo noi" avrà una concretezza rinnovata.

INTER

Julio Cesar, Maicon, Cordoba, Samuel, Maxwell (73' Figo), Cambiasso, Zanetti, Muntari (69' Crespo), Stankovic, Ibrahimovic, Obinna (67' Balotelli)

CHIEVO

Sorrentino, Frey, Morero, Yepes, Mantovani, Luciano (86' Anastasi), Italiano, Bentivoglio, Marcolini, Langella (59' Esposito), Pellissier

Arbitro: Mauro Bergonzi
Reti: 4' Maxwell, 47' Stankovic, 79' e 88' Ibrahimovic, 51' Pellissier, 65' Bentivoglio
Espulso: Morero

CLASSIFICA

Inter	39
Juventus	33
Napoli	30
Milan	30
Fiorentina	29
Genoa	26
Roma	26
Atalanta	24
Lazio	24
Palermo	23
Catania	22
Udinese	22
Cagliari	20
Sampdoria	19
Siena	19
Bologna	14
Lecce	13
Reggina	12
Torino	12
Chievo	9

1-2

SIENA - INTER

LA DANZA DI JOSÉ

SIENA

Curci, Zuniga (90' Calaiò), Brandão, Poratanova, Del Grosso, Codrea, Vergassola, Galloppa, Kharja, Ghezzal, Frick (76' Maccarone)

INTER

Julio Cesar, Maicon, Cordoba, Samuel, Maxwell, Cambiasso, Zanetti, Muntari (73' Quaresma), Jimenez (55' Crespo), Ibrahimovic, Balotelli (55' Figo)

Arbitro: Andrea De Marco
Reti: 34' e 83' Maicon, 44' Kharja

CLASSIFICA

Inter	42
Juventus	36
Milan	33
Fiorentina	32
Napoli	30
Genoa	29
Lazio	27
Roma	26
Catania	25
Atalanta	24
Palermo	23
Udinese	22
Cagliari	21
Sampdoria	19
Siena	19
Bologna	15
Torino	15
Lecce	14
Reggina	13
Chievo	9

Natale sarà. È l'ultima a Siena, territorio che a botte di interviste e ammissioni di tifo si scopre un po' nerazzurro, da bianconero assolutamente coerente coi propri colori che era. Altri anni, altro calcio. Eccone uno, di buon allenatore un po' nerazzurro, mister Giampaolo, apparentemente l'opposto di Mourinho, schivo, poco propenso a regalare parole decisive, ma altrettanto convinto di poter trarre il meglio dai suoi uomini. Non ha nessun timore reverenziale il Siena, l'Inter non ne ha per definizione. Ci pensa Maicon e a questo punto si esulta felici. Vincere in questo sabato sera vuol dire essere matematicamente campioni d'inverno. Ammesso, e non concesso, che sia una tappa definitiva, la sicurezza di essere lassù dura poco. Il Siena pareggia, anzi, il Siena vuole vincere. La storia nella storia è quella di Maicon, un gigante buono nella vita tanto quanto mette paura in campo, ma la partita finirà, in gol e in

La reazione di un allenatore in panchina, al momento della realizzazione di un gol, è sempre un'immagine che è cercata dalle telecamere. Si vuole sempre sapere come il Mister esulta e quale reazione abbia. I tecnici sono personaggi strani. In alcuni casi congelano le proprie emozioni, sembra quasi che, mentre tutto il mondo intorno stia esplodendo di gioia, loro siano sintonizzati su un altro canale, guardando chissà quale film, perché rimangono fermi, immobili, estranei. A volte gioiscono com'è normale che accada, con i propri vice, attendono l'arrivo dell'autore del gol per un "cinque". A volte capita che quest'attesa sia troppo lunga, sorga il dubbio che il calciatore si dimentichi proprio di te, il suo Mister. E allora la soluzione è una sola. Minuto 82. Cordoba tenta un tiro dal limite dell'area che è intercettato da Maxwell che, di tacco, prolunga alle sue spalle per Maicon, che entra in area e d'esterno destro, con un colpo sotto, batte Curci in uscita. Maicon si spoglia e corre, urlante, verso il settore dei tifosi interisti, dove trova ad aspettarlo lui, José Mourinho, autore di una corsa di 50 metri per andare ad abbracciare l'autore di un gol, così importante, a pochi minuti dalla fine. E' una corsa liberatoria in cui con grande semplicità, come fosse un compagno di squadra e non il Mister, José esterna il proprio sentimento di quell'attimo. È grande gioia tutti insieme.

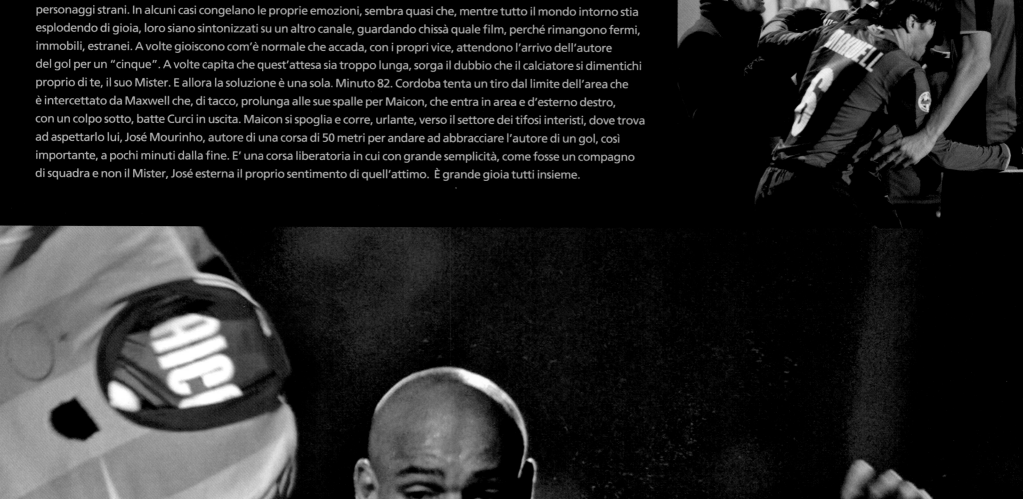

fuorigioco, con un andamento da cardiopalma. Nelle parole del dopo, sarà lo stesso Mister a non fare mistero di nulla, neanche della sua felicità quando corre ad abbracciare Maicon, perché a volte la zampata della buona sorte mette parecchia allegria, soprattutto quando diventa una zampata decisiva. Su questo balletto inedito di José Mourinho si chiude la prima parte della stagione. Campioni d'inverno doveva essere, campioni d'inverno si è. Così tanti

auguri. Auguri ai campioni d'Italia che hanno inaugurato la stagione, e chiuso la precedente, con una Supercoppa. Auguri a Massimo Moratti, che sa rinnovare il proprio coraggio e dedicarsi all'Inter. Auguri a tutti i protagonisti, a chi è stato ancora più genio di quanto sia mai stato, a chi ha mantenuto le promesse, a chi si è ritrovato dopo infortuni spaventosi, come se non fossero mai successi. Auguri a chi ha difeso la rete come da programma, a chi

l'ha sostituito con forza e con classe, a chi è stato in panchina pronto a entrare. Auguri a chi continua a essere un campione vero anche se passano gli anni; auguri al Capitano, che è un grande capitano; auguri agli argentini e ai brasiliani; auguri a chi ha confermato quel nostro essere internazionali dimostrando che il colore della pelle non conta. Auguri a chi è nerazzurro dentro e non sa neanche esattamente come sia nata questa storia d'amore.

1-1

INTER - CAGLIARI

CERCASI RADDOPPIO

INTER

Julio Cesar, Zanetti, Cordoba (48' Quaresma), Samuel (70' Mancini), Maxwell, Cambiasso, Muntari, Chivu, Figo (70' Crespo), Ibrahimovic, Cruz

CAGLIARI

Marchetti, Pisano, Canini, Astori, Agostini, Conti, Fini (80' Lazzari), Biondini (93' Parola), Cossu, Acquafresca (84' Matri), Jeda

Arbitro: Nicola Pierpaoli
Reti: 65' Acquafresca, 76' Ibrahimovic

CLASSIFICA

Inter	43
Juventus	39
Milan	34
Napoli	33
Fiorentina	32
Genoa	32
Lazio	30
Roma	27
Palermo	26
Catania	25
Atalanta	24
Udinese	23
Cagliari	22
Sampdoria	20
Siena	19
Lecce	17
Bologna	16
Torino	15
Reggina	13
Chievo	10

Una sera di gelo, una sera quasi socialmente, nel senso della collettività, emblematica, in una Milano che ha visto negli ultimi giorni la neve come agguerrito nemico, neanche si vivesse in Groenlandia. Questa è la sera in cui il campionato riprende, si respira un gelo secco e il campo è perfetto, è l'unico sopravvissuto alla grande nevicata, in una città messa in ginocchio dal maltempo, troppo presa da obiettivi alti e troppo persa nella quotidianità. È la sera in cui, si sa, Adriano non gioca e Balotelli sogna chi sa quale meta, come se anche lui fosse perso in grandi mete e sperso nella vita che ha ora e che ora può offrirgli un futuro, la sera in cui Mourinho deve rimescolare le carte, perché l'ultimo assetto della squadra deve fare a meno di Stankovic e di Maicon. È una sera di freddo intenso in cui il Cagliari ce la metterà tutta per battere l'Inter, perché è quello che deve fare, battere gli invincibili. Lo sarà davvero, qualcuno, invincibile? Forse no, forse davvero no, se Acquafresca riesce ad affermare il suo valore candidandosi ad agguantare un posto nella sua società d'origine. Se c'è posto per il freddo intenso, a San Siro, qui c'è posto anche per il freddo nell'anima. Acquafresca, un nome davvero innocuo, diventa una cascata gelata di alta montagna. Si cerca il gol disperatamente, anzi, la disperazione la lasciamo per chi sta indietro, il gol, lo si cerca cocciutamente, ma non arriva se non per un'azione insperata, cercata e combattuta, che ha per protagonisti due giocatori all'opposto: Hernan Crespo, quello che passa la palla e Zlatan Ibrahimovic.

Quello che stai scordandoti di avere e quello che ti salva sempre. Quello che ti salvava sempre e quello che è arrivato dopo. Quello che era stato costretto a cercare fortuna altrove e quello che da un altrove molto ingombrante è arrivato qui. Un punto che poteva non esserci, tre punti che ci stavano sulla carta, ci avremmo scommesso tutti, un accorcio con stridore di freni sul vantaggio, vecchie storie che si riaffacciano sull'onda di sentenze miti, vaghe minacce di rinati orgogli malati. Una settimana, l'ultima, che richiama un vecchio detto: "quando il gioco si fa duro, i duri ballano davvero". È ora di farlo, e anche se il Manchester è dietro l'angolo, il Mister esorta a non bissare la prestazione col Cagliari, perché così non si vince.

ERRORI DI MISURA

Ci sono partite in cui il pallone fatica a entrare. La gara contro il Cagliari è stata veramente particolare perché l'Inter ha creato tante occasioni da gol, ma sempre vi è stato l'errore di misura, il tiro sbagliato, il fuorigioco millimetrico. Più che le parate del giovane Marchetti, sono stati gli errori sottoporta a impedire di trovare quel gol che sembrava come al solito in arrivo. E come spesso capita al primo tiro nello specchio della porta da parte del Cagliari arriva il gol, lo segna senza esultare Robert Acquafresca, nerazzurro in prestito agli isolani. L'Inter riparte, continua ad assaltare il fortino sardo, ma Allegri ha preparato bene la gara e i suoi, oltre a difendersi bene, sanno ripartire con altrettanta qualità. Pareggia Ibra e si attacca ancora cercando di vincere. I sardi però hanno le palle buone per chiudere la partita a proprio favore, ma non centrano mai la porta dove Julio Cesar forse si spaventa, ma non deve intervenire, mai. Ecco perché quando il piccolo Alessio Cossu, fantasia ed eleganza in miniatura, raccoglie in area sulla sinistra, guarda la porta e la piazza con un colpo soffice, avvolgente, carico d'effetto, nell'angolo opposto, il tuffo con cui Julio Cesar si allunga, come Tiramolla, e tocca il pallone con la punta delle dita togliendolo dall'angolino, è sinonimo di ennesimo miracolo di Júlio. Per fortuna rimarrà tale, poiché il solito Acquafresca è a un passo, ma riprende il trend precedente dei suoi compagni. A porta spalancata davanti a sé, tira fuori. Il match ball è sciupato, anche questa volta Acquafresca non esulta.

3-1

ATALANTA - INTER

L'INCRINATURA

ATALANTA

Coppola, Garics, Talamonti, Manfredini, Bellini (85' Rivalta), Valdes (50' De Ascentis), Ferreira Pinto, Doni, Guarente, Padoin, Floccari (89' Vieri)

INTER

Julio Cesar, Maicon, Cordoba, Burdisso, Maxwell (48' Figo), Cambiasso, Zanetti, Chivu (29' Obinna), Stankovic, Crespo (48' Adriano), Ibrahimovic

Arbitro: Nicola Rizzoli
Reti: 18' Floccari, 28' e 33' Doni, 92' Ibrahimovic

CLASSIFICA

Inter	43
Juventus	40
Milan	37
Genoa	35
Napoli	33
Fiorentina	32
Lazio	31
Roma	30
Palermo	29
Atalanta	27
Cagliari	25
Catania	25
Udinese	23
Siena	22
Sampdoria	20
Bologna	19
Lecce	17
Torino	15
Chievo	13
Reggina	13

Ci sono giornate storte, ma così storte che partono male, proseguono peggio e si spera pure finiscano in fretta. Avete presente? Sono quelle in cui il primo caffè si brucia sul fuoco, il phon si fulmina, la fretta urge, i tram sono in sciopero, se avete figli sicuramente sarà in quella giornata lì che il pargolo deciderà, mentre siete al lavoro e in riunione, di farsi venire trentanove di febbre a scuola. E alla fine, sarete della mia idea, quelle giornate lì, ma proprio quelle, non vedi l'ora che finiscano. "Domani è un altro giorno" e Rossella O'Hara in *Via col vento* non ci aveva detto nulla di nuovo.

Eccoli i nostri a Bergamo, una Bergamo così nerazzurra anche sugli spalti che, se abbassi l'audio della tele e fai finta di non sapere, potresti pensare che sono stati presi tutti da "euforia interista". È la solita Atalanta, invece, è un inganno cromatico e potrebbe essere il primo segno, e poi piove, una pioggia battente e noiosissima e potrebbe essere il secondo segno, e Walter Samuel se ne è tornato a casa con la febbre come uno qualunque e questo potrebbe essere il terzo segno, di sicuro non sarà un'attenuante.

A proposito di segni e di una coniugazione malauguratamente fuorviante del verbo segnare, segnano loro e fin qui, non c'è niente di strano. "Segni tu, che segno io e si recupera", ci si dice. Non fosse che se-

gnano di nuovo, furibondi di allegria per la rete rifilata ai campioni d'inverno. Qui si scricchiola, ma parecchio, un secondo gol preso s'era visto solo a Cipro, fai il pensiero ed ecco che come a Cipro arriva pure il terzo, roba da non crederci. Però a Cipro avevamo almeno segnato pure noi.

Trentatré minuti e tre gol presi. Una volta i medici ti auscultavano il battito cardiaco e ti facevano dire trentatré, adesso ti sbattono subito dal cardiologo che non si sa mai, ma se uno di quei vecchi medici avesse mai auscultato il cuore di un interista in questo trentatreesimo minuto di gioco, avrebbe diagnosticato qualcosa di orribile. Un vuoto totale o un'accelerazione spaventosa. La squadra si sfalda, si perde, i cambi non servono, non serve neppure la magia di Ibra, una magia che ultimamente, compreso lo scudetto dello scorso anno, aveva determinato parecchio. C'è poco da fare e nulla da esultare, è una rete inutile. Cari ragazzi in campo, nessuno di voi s'è divertito a incrinare la leggenda degli invincibili, siete ancora primi e su una cosa potete stare certi, il peggio è già accaduto, è stata una giornata storta, meglio di così può sempre andare, José Mourinho è il migliore, ne verrà a capo, nella sera in cui tutti gli interisti si augurano di andare a letto presto, meglio non si fossero mai alzati da quel letto.

LA DIGNITÀ DEL SECONDO TEMPO

Ci sono giornate in cui tutto è difficile, tu
che normalmente riesci a eseguire con gra
facilità diventa impossibile da fare. È com
attore, all'ottantesima replica del suo spe
per una sera, non riesca a ricordare le bat
sa a memoria, e che tante volte ha già rec
Bene, il primo tempo di Atalanta-Inter è s
questo. L'attore nerazzurro aveva diment
il copione, balbettava, non riusciva nemm
sfruttare la propria esperienza, il proprio
Il grande attore però, nel secondo tempo
sapendo di aver compromesso, nel primo
la buona riuscita della serata, ha avuto un
di puro orgoglio, come se si fosse ripetuto
"Sono un grande attore, non posso termi
lo spettacolo così". Certo non è arrivata la
dei 3 gol subiti nel primo tempo, ma la vo
nella seconda parte della gara di mostrar
al pubblico con un volto differente vi è st
È arrivato un gol di Ibrahimovic, nel finale
che ha fatto dire a José Mourinho: "Primo
bruttissimo e dopo la scossa che ho dato l
nell'intervallo, i miei ragazzi hanno reagi
e hanno vinto il secondo tempo 1-0". Psic
del calcio. Tant'è, resta la sconfitta, ma re
un segnale di grande dignità con cui si ac
serata sbagliata. Si rimane comunque con
delle proprie qualità e soprattutto, non c
è buttati via nella sconfitta. È stata la sec
battuta d'arresto in 17 partite e l'Inter, co
dignità, ha dimostrato di saper perdere.
per poter riprendere a vincere.

1-0

INTER - SAMPDORIA

NON RESTA CHE VINCERE

INTER

Julio Cesar, Maicon, Samuel (49' Cordoba), Chivu (87' Maxwell), Santon, Cambiasso, Zanetti, Muntari, Stankovic, Mancini (81' Figo), Adriano

SAMPDORIA

Castellazzi, Raggi (60' Ziegler), Palombo, Gastaldello (49' Padalino), Stankevicius, Dessena, Sammarco, Franceschini (63' Bellucci), Pieri, Del Vecchio, Pazzini

Arbitro: Domenico Celi
Reti: 47' Adriano

CLASSIFICA

Inter	46
Juventus	43
Milan	40
Genoa	36
Napoli	33
Roma	33
Fiorentina	32
Palermo	32
Lazio	31
Cagliari	28
Atalanta	27
Catania	26
Siena	25
Udinese	23
Sampdoria	20
Bologna	19
Lecce	18
Torino	16
Chievo	16
Reggina	13

Alle quattro del pomeriggio di domenica, minuto più, minuto meno, si sa già cosa resta da fare – "vincere" – e dipende dal carattere di ognuno se prenderla come un'angoscia o come una certezza tranquillizzante. La squadra molto angosciata non sembra, anzi. Il Mister non palesa mai ansie, e forse il testa a testa gli piace. Fra una manciata di ore, a partita finita e a giornata conclusa, sarà il suo compleanno. Che non ha avuto e non avrà una vigilia facile.

È vigilmente squalificato in tribuna. Vigilmente nel senso che non perde una mossa della squadra. La squadra è priva della sua magia, ma non sarà assolutamente priva di carattere. Ha di fronte una Sampdoria che ha perso pezzi per strada e l'unica via da seguire, per loro, sembra essere quella di cadere e nel cadere cercare di trascinare a terra più interisti possibile. Morale, si capisce subito che non sarà una partita da manuale, è una partita tesa, diretta sul filo del rasoio della critica che ha investito la categoria arbitrale nel week-end e anche prima, tanto che scendere nel dettaglio è come sparare sulla Croce Rossa. Dettaglio cui la Samp si aggrappa invece come un naufrago alla zattera. La vera leggenda del piccolo contro il grande, la storia di Pazzini e Cordoba farà il giro delle televisioni, quanto ad Adriano, parrebbe che Tyson sia un principiante al confronto. Adriano c'è, e fa il suo, fa anche di più, segna come da programma e si sacrifica, a rete segnata ha sulla faccia la rabbia giusta, la carica che ci vuole, solo smaltita quella, ringrazia con quel gesto verso il cielo che ormai ci siamo abituati a vedere. Ci sarà fino alla fine, utile, attento, sostenuto da San Siro, che Adriano non l'ha mai abbandonato, affiancato dai compagni. I compagni. In questa partita necessariamente caotica, spezzata da fischi, cartellini, cadute a terra vere e cadute episodiche, con gente che rantola e stramazza e si rimette in sesto in tre secondi, ma anche con giocatori che non cercano alibi e stringono i denti, uno su tutti Júlio César e prima ancora Walter Samuel, inghiottito dall'intervallo, e prima ancora di lui Sulley Muntari, finito fasciato con una bandana clinicamente candida, lui così scuro. I compagni di Adriano

sono assolutamente determinati a vincere. Ne prendiamo due con storie opposte, senza nulla togliere agli altri, al capitano, a Cambiasso, solo perché sono storie assolutamente diverse.

Davide Santon è davvero un ragazzo, è uno con la faccia ancora scevra da quelle rughe che segnano chi gioca da tanto, chi ha fatto dello sforzo e della concentrazione le sue armi migliori. Fateci caso, i giocatori sembrano sempre più vecchi di quello che sono, neanche dei trentenni o poco di più. Sono gente bellissima prosciugata dallo sforzo. Dejan Stankovic appartiene a quest'ultima categoria, si potrebbe ancora definirlo un ragazzo, ma non verrebbe in mente a nessuno di chiamarlo così, è un uomo, lo vedi da come ha affrontato qualsiasi capitolo del libro della sua vita. Glielo leggi in faccia e lo capisci da come aggredisce il campo. Si meritava una rete, contro la Samp, ma non importa. Per gente come lui non importa. Come non importa a Luis Figo di entrare solo per uno spezzone di partita, categoria superiore e standing ovation al cambio. Una lezione per i più piccoli, se Luis a diciotto anni, con già un titolo nazionale in bacheca, non avesse saputo scalare il calcio così, con questa testa, oltre che con un innato dono, non sarebbe arrivato dov'è ora. Così buon compleanno, mister Mourinho. Il suo rilievo all'arbitro non fa una grinza, pazienza se non ha gradito. A lei non manca modo di farsi sentire, ha una voce tonante. Ce l'avrà anche da esiliato a Catania. Una voce adatta all'Inter, non abbiamo mai avuto bisogno di chi si fa intimorire, e l'avrà già capito, cercare di incrinare l'anima nerazzurra è lo sport mediatico nazionale nei nostri confronti. Ci siamo talmente, storicamente abituati che tiriamo dritto, a volte neanche li stiamo a sentire. Magari sbagliamo, in questo, ma siamo un gruppo compatto.

Abbiamo una strada e la percorriamo. È la stessa strada che ha percorso contro la Sampdoria la squadra che lei ha messo in campo, con un'unica via d'uscita. Una specie di casello obbligato, vincere. Senza alleati, e senza cercarseli, è l'unica cosa da fare. Anche la più nobile. L'Inter, Mister, è la sfida estrema.

IL DEBUTTO DI SANTON

Se ne parlava da tanto tempo, ma il momento non arrivava mai. Invece dopo la sconfitta di Bergamo, il mercoledì sera al Meazza in gara secca c'era la Roma, con la sua voglia di rivincita, per i quarti di finale di Tim Cup, gara difficile, specie dopo una sconfitta così severa in campionato.

E in quell'occasione José Mourinho, quando meno te lo aspetti, estrae dal proprio cilindro magico, la sorpresa di Davide Santon, diciotto anni compiuti – da qualche giorno, subito ribattezzato "il bambino" –, in campo dal primo minuto, come titolare sulla fascia sinistra. Da quella partita Davide esce benissimo, convince tutti, iniziano a essere tessute le lodi di questo talento del calcio italiano e si guadagna la conferma nella gara successiva. È il debutto in campionato, il primo gettone di una serie che oggi non riusciamo nemmeno lontanamente a immaginare quanto sarà lunga e dove condurrà.

La fascia sinistra la copre in lungo e in largo tante volte, senza timori, e con crescente disinvoltura. Gli esperti dello stadio, quelli che hanno visto debuttare, dai Facchetti ai Bergomi ecc, già iniziano a fare comparazioni. Chi seguiva le partite delle formazioni giovanili nerazzurre, inizia a prendersi meriti del tipo, "l'ho capito da quando l'ho visto giocare la prima volta". È il calcio. Il merito va però a Davide, per le qualità di gambe e di testa, e a Mourinho, che ha avuto l'intuizione per capire che questo "bambino" di diciotto anni era pronto per il calcio dei "grandi".

LA PARTENZA PERFETTA

Mourinho in più di un'occasione ha detto, a fine gara, che lui capisce subito, fin dai primi minuti della partita, se è giornata buona, oppure no. La gara del Massimino ha, senza dubbio alcuno, fatto capire, immediatamente, al mister, quale fosse l'atteggiamento dei suoi ragazzi. Pronti via subito due occasioni da gol, squadra aggressiva, che mette immediatamente in difficoltà i padroni di casa, quasi sorpresi da questa partenza e, giusto frutto di questo atteggiamento, arriva al 4' il gol del vantaggio. Palla recuperata, su pressing alto e partenza immediata dell'azione con apertura sulla destra per Maicon, che verticalizza sul lungo linea per il movimento classico di una delle due punte, che si allarga, dal centro verso l'esterno, per aprire la difesa e lasciare spazio per gli inserimenti centrali dei centrocampisti. Azione già vista tante volte. È Cruz a muoversi verso l'esterno, controllare, è marcato, con una finta scherza l'avversario, Capuano, e regala un pallone d'oro al centro dove arriva come un fulmine che non ti aspetti, Stankovic. I tre difensori centrali si preoccupano di Ibrahimovic e non tengono conto dell'arrivo da fuori area di Deki, che semina Baiocco, che lo perde per strada, ed entra in area, fino a quella piccola, dove indisturbato colpisce di testa a colpo sicuro. Lo stacco è perfetto, così come il colpo di testa, che non è il suo gesto tecnico preferito e Bizzarri deve raccogliere, per la prima volta alle sue spalle. È gol.

UN MERCOLEDÌ DA LEONI

CATANIA - INTER

0-2

A Catania che sia un infrasettimanale spazzato dal vento non interessa a nessuno. Per loro e per mille nerazzurri orgogliosamente arroccati in tribuna è come se fosse domenica, il "Massimino" è pieno, il boato della gente non lascerà mai la squadra sola, se non a metà del secondo tempo, quando scenderà un silenzio irreale e lo spazio sarà solo per quelle mille voci che celebrano l'arrivo dei Campioni d'Italia in una terra così lontana. Walter Zenga contro José Mourinho, apparentemente il nuovo contro il pluricelebrato, in realtà entrambi, va sottolineato, hanno fatto benissimo ovunque si siano seduti in panchina.

Anzi, per uno scherzo del destino e per una frase di troppo, è Walter Zenga contro Beppe Baresi, cioè è Inter contro Inter nel nome del passato. L'"Uomo Ragno" che ha rinunciato ai capelli e Beppe che li ha lasciati ingrigire. Walter ha scelto una via che lo restituisce da avversario, Baresi non ha mai scelto nient'altro che l'Inter. Partita che si annuncia accesa, in un mercoledì che si presume sia e sarà da leoni, leoni aggressivamente abituati a ruggire e cuccioli di leone. In cinque minuti due leoni veri, Julio Cruz e Dejan Stankovic, mettono in scena la sinergia della rete perfetta. C'è fretta di definire il risultato di una partita preparata meticolosamente, col Mister esiliato e ripreso sottovetro in tribuna. C'è la consapevolezza che questo Catania, che ha dato del filo da torcere a tutti, che addirittura aveva scalato la classifica a inizio campionato non mollerà. Per una volta, sono tutti d'accordo, su ogni rete televisiva. Sulley Ali Muntari non

doveva essere espulso. Esce dal campo incredulo, furioso, addolorato, è troppo presto per ritenere chiuso il match e affrontarlo in dieci. Ma a volte questo numero dieci porta bene, restituisce una forza raddoppiata con la coscienza di vivere un limite. Strano destino, questo di Muntari, squalificato due volte con la stessa squadra. Eppure, d'ora in avanti sarà come se perfino per questa evenienza si fosse preparati.

La fine del primo tempo è convulsa, quel Catania ha la forza che Zenga metteva in ogni parata, gli somiglia, mentre i leoni in campo resistono, e il cucciolo di leone dimostra di saper ruggire forte, il secondo tempo avanza e sembra lunghissimo, fino a che un Ibrahimovic magico, ispirato non chiude la partita. Lo fa con estrema professionalità, anzi lo fa con maturità, tirando in porta senza frenesia, con la cura che si mette nello stare attenti a non effettuare alcuno spreco. La sua sarà una partita di incredibili piccoli ed esperti miracoli con la palla, aveva ragione Zenga a temerlo più di tutti, ma in realtà i dieci leoni sono tutti così forti da mettere paura.

Il mercoledì da leoni ha atterrito felini a parole e non a fatti, gatti da salotto. Battuta la Juventus a Udine, solo un pareggio a San Siro per il Milan.

Si allunga di nuovo il distacco. Intanto che già ci si chiede se la prova televisiva non andrebbe nobilitata dai regolamenti, come prova risarcitoria anche degli errori arbitrali, l'Inter va sotto i propri tifosi e ringrazia. I tifosi ringraziano i Campioni e domenica c'è il Torino.

CATANIA

Bizzarri, Silvestre, Silvestri, Stovini, Capuano (72' Llama), Martínez (87' D'Amico), Baiocco, Tedesco, Morimoto, Paolucci (76' Spinesi), Mascara

INTER

Julio Cesar, Maicon, Cordoba, Burdisso, Santon (91' Rivas), Cambiasso, Zanetti, Muntari, Stankovic (94' Figo), Ibrahimovic, Cruz (68' Maxwell)

Arbitro: Gianluca Rocchi
Reti: 5' Stankovic, 71' Ibrahimovic
Espulsi: Muntari

CLASSIFICA

Inter	49
Juventus	43
Milan	41
Genoa	37
Roma	36
Fiorentina	35
Napoli	33
Palermo	32
Cagliari	31
Lazio	31
Atalanta	27
Udinese	26
Catania	26
Siena	25
Sampdoria	23
Bologna	22
Lecce	19
Torino	17
Chievo	17
Reggina	14

1-1

INTER - TORINO

NON FIDARSI
È MEGLIO

INTER

Julio Cesar, Maicon, Cordoba, Burdisso, Santon, Cambiasso, J. Zanetti, Maxwell (48' Quaresma), Stankovic (43' Figo), Cruz (72' Crespo), Ibrahimovic

TORINO

Sereni, Rivalta (36' Colombo), Di Loreto, Della Fiore, Ogbonna, Abate (80' Rubin), P. Zanetti, Dzemaili, Diana, Bianchi (67' Stellone), Rosina

Arbitro: Mauro Bergonzi
Reti: 47' Bianchi, 58' Burdisso

CLASSIFICA

Inter	50
Milan	44
Juventus	43
Genoa	40
Fiorentina	38
Roma	37
Cagliari	34
Napoli	34
Palermo	32
Lazio	31
Atalanta	30
Udinese	27
Catania	26
Siena	25
Sampdoria	24
Lecce	22
Bologna	22
Torino	18
Chievo	18
Reggina	15

Per una volta, invertiamo la tempistica. Partiamo dalla fine, non annunciata, di Inter-Torino. Non annunciata nel senso che c'era uno stadio convinto che la partita sarebbe stata una passeggiata tranquilla, stile settembre in Liguria.

E invece ci sono facce truci: Julio Cesar reo confesso di non aver visto la palla entrare in porta fino all'ultimo, perfino il Mister che appare leggermente meno deciso del solito. Ma forse, è l'effetto del post partita davanti ai microfoni. L'adrenalina è a mille e le sensazioni vengono amplificate. Film da riavvolgere, in velocità estrema. Tentativi a vuoto, secondo tempo, di cui uno tragicamente epico a firma Ricardo Quaresma. Gol nostro a firma di Nicolas Burdisso, non quello che si dice un attaccante.

Gol loro, non proprio con rispetto parlando un avversario temibile. Adesso sì, partiamo dall'inizio, da quella sottile sensazione di avere potenzialmente "sotto" i bianconeri di nove punti, talmente sottile e irresistibile da far poi sottovalutare che il nobile numero sette sia comunque un vantaggio non criticabile. Si parte così, nel nevischio di San Siro, primo pomeriggio di un primo febbraio 2009, con l'idea che sarà tutto facile.

Dev'essere qualcosa come l'influenza, si attacca. Mister Mourinho dopo dirà che il primo tempo è qualcosa che ancora deve capire e discutere con la squadra. Che di sicuro, il secondo sarà diverso. Che il Torino debba riuscire a galleggiare è cosa certa, loro non hanno punti di vantaggio, devono prenderseli, è questione di sopravvivenza e ci sono momenti in cui sopravvivere diventa un imperativo categorico. Sereni sarà un Big Jim in grande forma per tutta la partita e comunque, quando all'inizio del secondo tempo ci si aspetta una rete nerazzurra, a conferma che l'Inter c'è, arriva invece quella granata. Chissenefrega di recriminare, è come il rigore non dato che suscita solo la rabbia del mister, in campo sta cambiando

tutto, il secondo tempo sdoppia la personalità dell'Inter, stile dottor Jekyll e mister Hide. Il caro vecchio Hide viene lasciato in spogliatoio, Nicolas Burdisso fa Jekyll e ci pensa lui e in un attimo riscatta Cipro, e si riconferma un uomo da Inter. Lo stadio si alza in piedi neanche fosse una finale di coppa, vuole vincere. Pensa di avere l'allenatore migliore del mondo, i giocatori migliori del mondo. Ha anche ragione a pensarlo.

Il capitolo "Trivela" qui inaugura la storia nella storia, fischi, forse non tutti quelli che i media nazionali attribuiscono a San Siro, errori, nell'assedio finale i pali di Crespo e Ibra non attutiscono il fastidio per l'errore di Quaresma. Che uscirà da San Siro e poi dalla lista Champions a testa bassissima. Lui, presentato in gran fulgore a fianco del Mister a inizio stagione, lui eroe promesso e, chissà come, perduto.

Ricardo detto "Mustang", una passione per i brillanti e le belle macchine, partirà per il Chelsea, ventiquattro ore dopo. A sera tarda si pensa già al derby. Passa di qui la voglia di riscatto di una prova opaca all'andata e la volontà di allungo. I sogni del primo pomeriggio si caricano di nuova forza e di un avversario storico.

BURDISSO IN GOL

Quando affronti una formazione di fondo classifica non è mai facile, perché se vinci, è normale, e soprattutto l'avversario non ha nulla da perdere. La sorpresa è sempre un rischio, che ti aspetta dietro l'angolo. Così il Torino di Walter Novellino, interista nel cuore, arriva al Meazza per non perdere e farà di tutto per ottenere questo obiettivo. In tanti, troppi, sono davanti all'area di rigore a chiudere gli spazi, è la giornata in cui devi sfruttare le palle inattive, devi inventare qualcosa, ma non sempre ci si riesce. Gli specialisti sulle palle alte sono in tanti, Cruz, Ibra, Maicon, Cordoba, ma a vincere la concorrenza è Nicolas Burdisso, che, come fosse scritto nel destino, segna i suoi gol quasi tutti al Meazza, su corner dalla sinistra, sotto la curva con un perentorio stacco di testa. È così anche questa volta. Corner dalla sinistra, batte Luis Figo, uno che sa sempre dove piazzare il pallone. Il Torino difende a zona sui corner con soli tre giocatori, ma gli altri uomini, marcano a uomo gli attaccanti avversari. Su Burdisso c'è il giovane Ogbonna, che lo strattona, Nicolas si divincola e salta centralmente più in alto del portiere Sereni, è un gol classico, potremmo dire, un gol alla Burdisso, che regala il pareggio.

FIGO DI TESTA

In questa partita assistiamo a un "evento storico": protagonista un atleta che, nonostante una carriera pazzesca, in cui ha vinto tutto, o quasi, quello che un professionista può conquistare, sia a livello personale sia a livello di club, mai e poi mai era riuscito a realizzare un gol di testa. Mancava solo questo gesto atletico alla sua carriera di campione in cui ha alzato trofei nazionali e internazionali, vinto il pallone d'oro, disputato oltre cento gare in Champions League, realizzato più di cento gol, su punizione, su rigore e dribblando come birilli gli avversari, con tiri calibrati dal limite, di destro e di sinistro. Parliamo di Luis Figo, uno dei più grandi calciatori di tutti i tempi, che, in quattro stagioni in nerazzurro, ha vinto otto trofei, tanto per arricchire il suo personale palmarès, e che, in Lecce-Inter, realizza un gol che entra nella storia. Nella "sua" storia personale di campione.
I gol sono tutti belli, bellissimi, difficile decidere fra quelli importanti, per il tipo di partita e quelli esteticamente, tecnicamente eccezionali, ma sicuramente Luis ricorderà questa realizzazione. Minuto 71, Inter già in vantaggio di un gol. Sulla sinistra avanza indisturbato Davide Santon, "il bambino", che arriva quasi sul fondo e con il destro esegue un cross perfetto, potremmo dire "alla Figo", su cui Luis si avventa, fra i difensori del Lecce, e stacca di testa mandando, come un centravanti provetto, il pallone nell'angolo opposto. Sarà l'unico gol in carriera realizzato di testa. Se fossi il portiere del Lecce, Benussi, ne sarei onorato.

L'ONDA NERAZZURRA

0-3

LECCE - INTER

L'Inter esce dallo stadio di Lecce. Pausa: perché siamo primi in classifica, ma forse corre il rischio di dimenticarsene, vista la marea di dubbi indotti, critiche artificiose e volgarità, davvero volgarità, sparse nell'etere. Mentre si filosofeggia in televisione addirittura sulla stabilità del calzettone di Ibra al fallo da rigore non dato, tema perlomeno discutibilmente curioso, come prova scientifica, ci si dice che si dovrebbe stare zitti. Il concetto che passa è che quando l'Inter non afferma il proprio punto di vista, tutti possono parlarle addosso, quando l'Inter parla, dovrebbe solo stare zitta. Inaccettabile. E adesso torniamo a Lecce-Inter, da primi in classifica. C'era stato il mercoledì da leoni, questo potrebbe essere un sabato da pantere. Giornata, la ventitreesima, che si apre con un sabato che, per chi a Lecce non c'è, prospetta una maratona televisiva che sa molto di derby, anche se il mister mette al bando il solo pensiero: Inter alle 18, Milan alle 20.30. Avversarie due squadre che per fatalità si trovano entrambe a non poter perdere. Lo "Stadio del Mare" fa entusiasticamente il verso a San Siro, l'onda nerazzurra è incredibilmente numerosa, pure simpaticamente fastidiosa per il pubblico di casa, attende il fischio d'inizio della partita riunita o spersa, gomito a gomito oppure mescolata al pubblico di casa. È il giorno del rientro di Marco Materazzi, di Luis Figo dal primo minuto, è la partita in cui Dejan Stankovic taglierà il nastro delle duecento presenze in nerazzurro, è il momento dei soliti noti e del "bambino" che sta impegnandosi per entrare in questo clan, mentre Mario Balotelli aspetta il suo turno in panchina. È anche il giorno dell'orgoglio per Beretta, che non intende arretrare, è un tentativo dopo una manciata di secondi di violare la rete del Lecce,e dopo altri dieci minuti è la prima rete, siglata con assoluta destrezza, precisione, potenza e controllo da Zlatan Ibrahimovic, su passaggio intelligente di Cambiasso. E su questi due, con i sostantivi e gli aggettivi utilizzati, non diciamo niente di nuovo. Julio Cesar si mette in mostra e lo rifarà a metà del secondo tempo, segnale preciso che i ragazzi di Beretta non ci stanno a perdere, intanto che Ibra va deciso verso il bis. "Simula", dice l'arbitro, che a pensarci bene è

davvero una brutta parola, l'onda nerazzurra a Lecce e quella a casa ha un brivido, Ibra non ha mai, per definizione, bisogno di simulare, e poi c'è poco altro da dire su questa azione chiarissima. Si illustra da sé. "Strano", suggellerà il Mister, sperimentando nel suo italiano ricercato una parola che definisca il disagio ripetuto senza correre il rischio di una squalifica. Ci proverà ancora Esteban Cambiasso, ci proverà Douglas Maicon vittima di un errore incredibile, giusto un attimo di rammarico rabbioso – quando si vuole vincere non si perde tempo – intanto che quel rigore negato viene dimenticato nella velocità del gioco, spiace solo per il giallo a Ibra, poi ci penserà Luis Figo, testa pensante della seconda rete. A volerla trovare, la storia simbolo di Lecce Inter, forse abita qui e si potrebbe aprire un intero capitolo di retorica da romanzo del pallone, la palla gliel'ha passata Davide Santon, quindi è la promessa che serve l'asso, è il futuro del calcio italiano verso lo straniero plurititolato, è la storia di una giovanissima saetta e di un campione che mette a frutto la sua professionalità collaudata. In realtà sono due giocatori che affrontano la partita esattamente come il Mister dice che vanno affrontate tutte. Con la giusta miscela di tensione e sicurezza che lui ritiene sia la formula dell'equilibrio vincente. La terza rete è la celebrazione di Dejan Stankovic guerriero nerazzurro da duecento giornate di calcio in campo e per il Lecce non c'è più niente da fare. Uno che si è dimostrato così nerazzurro dentro da chiedersi dove fosse prima di arrivare qui, forse in un posto sbagliato. La standing ovation dell'onda nerazzurra assorda lo Stadio del Mare e saluta l'uscita dal campo del genio Ibra, cambio per Balotelli, anche qualcuno del Lecce accenna un applauso, la classe a volte fa breccia perfino nel tifo, che qui non lascerà sola la squadra di casa neanche sotto di tre reti e da quel momento il sabato da pantere si sposta sul Milan che non riesce a contrapporsi alla Reggina e cederà poi il secondo posto alla Juventus, con mala pace di Zenga privato di un rigore anche qui nettissimo. "Strano", come direbbe Mourinho, che da oggi in poi autorizza tutti, anzi, ordina a tutti di pensare al derby. E che derby sia.

LECCE

Benussi, Polenghi, Stendardo, Fabiano, Esposito, Caserta, Edinho (66' Papadopoulos), Ariatti, Papa Waigo (58 Zanchetta), Castillo, Tiribocchi (69 Cacia)

INTER

Julio Cesar, Maicon, Burdisso, Materazzi, Santon, Zanetti, Cambiasso, Muntari (81' Maxwell), Figo (73' Chivu), Stankovic, Ibrahimovic (86' Balotelli)

Arbitro: Paolo Tagliavento
Reti: 12' Ibrahimovic, 72' Figo, 82' Stankovic

CLASSIFICA

Inter	53
Juventus	46
Milan	45
Fiorentina	41
Genoa	40
Roma	40
Palermo	35
Napoli	34
Cagliari	34
Atalanta	33
Lazio	31
Udinese	30
Siena	26
Catania	26
Sampdoria	25
Bologna	22
Lecce	22
Torino	19
Chievo	19
Reggina	16

2-1

INTER - MILAN

MILANO SIAMO NOI

INTER

Julio Cesar, Maicon, Samuel, Chivu, Santon, Cambiasso, Zanetti, Muntari (89' Maxwell), Stankovic (85' Burdisso), Ibrahimovic, Adriano (81' Vieira)

MILAN

Abbiati, Zambrotta, Maldini, Kaladze (77' Senderos), Jankulovski, Beckham (57' Inzaghi), Pirlo, Ambrosini, Seedorf, Ronaldinho, Pato

Arbitro: Roberto Rosetti
Reti: 29' Adriano, 43' Stankovic, 71' Pato

CLASSIFICA

Inter	56
Juventus	47
Milan	45
Fiorentina	42
Genoa	41
Roma	40
Cagliari	37
Atalanta	36
Palermo	36
Napoli	35
Lazio	32
Udinese	31
Siena	27
Catania	27
Sampdoria	26
Bologna	23
Lecce	22
Torino	20
Chievo	20
Reggina	17

Tutto esaurito San Siro. Un colpo d'occhio impressionante e un colpo in più nel battito del cuore nerazzurro, tutto esaurito a casa, a casa di chiunque tifi Inter e abbia un modo per vedere il derby, tutto esaurito nelle parole precedenti la partita, tutto esaurito nella strategia tracciata per vincere e non lasciare niente al caso. Un viaggio nei pensieri nerazzurri, c'è chi pensa "se si vince è fatta", chi diffida di natura e non dà nulla per scontato, chi scommette sulla formazione, chi s'è indebitato al fantacalcio, ma non ce l'ha fatta ad avere una formazione come l'Inter di questa notte, questa ce l'ha solo José Mourinho.

Mourinho e Ancelotti, diversissimi, l'uno ricercato e l'altro con la faccia del bonario vicino di casa, uno arrivato da poco, l'altro seduto al suo posto da anni ad allenare, accusare colpi, mandar giù torrenti di parole che il primo non tollererebbe neanche per un minuto. Gente agli opposti, d'altronde lo sono anche le loro squadre, da più di un secolo. Per spirito, coreografie, karma. Per protezioni mediatiche, per convinzioni profonde. Per comparse in serie

Il derby è per i milanesi la gara dell'anno. Un ricorrente sogno, per un tifoso, d'Inter o Milan, è vincere la stracittadina con un gol all'ultimo minuto, assolutamente irregolare. All'andata il Milan, non all'ultimo minuto, ma con un gol in fuorigioco ha vinto 1-0. Nel match di ritorno, l'Inter corre, forte. Il vantaggio in classifica è considerevole, + 8, un successo spegnerebbe qualsiasi speranza per i rossoneri. È l'Inter a fare la partita, a cercare la strada per il gol. Alcuni episodi faranno discutere a lungo nelle settimane successive quando, chi aveva annunciato di puntare solo allo scudetto, ha iniziato ad attaccarsi all'episodio di questa partita per mascherare un fallimento stagionale di maggior spessore. Cross dalla trequarti destra di Maicon, bellissimo, teso, profondo, dietro la linea dei difensori. Sulla palla si avventano in due, Adriano e Paolo Maldini, il capitano del Milan non ci arriva, Abbiati non esce, Adriano è lì, pronto a colpire, a sbloccare il risultato. Il suo colpo di testa è goffo, non è perfetto, chirurgico, la palla scende e Adri impatta con la testa. La palla però, prima di entrare in rete, tocca il suo braccio destro e poi, si infila alle spalle di Abbiati. È gol, il gol che farà protestare a lungo, in seguito, i rossoneri. Peccato che la regola è molto chiara, e assolve dal "reato" Adriano. Se ne dovranno fare una ragione. Gol, nel derby, di mano, e per di più regolare. Il massimo per un "bauscia".

B e per assenza totale dalla serie B. Questo è il derby. Una sfida senza confini nella notte di Milano. Potrebbe segnare Dejan Stankovic, potrebbe farlo, ma l'occasione sfuma e bisogna aspettare, è un'attesa da Campioni d'Italia, con una difesa agguerrita, con Samuel e Chivu, con Cambiasso che vive il match come una finale europea, con Maicon che mangia il campo e raggiunge Adriano.
L'incostante, l'imperatore, quello che stanno comunque consumando di parole perse su recuperi e ricadute. È lui che segna, è suo il

primo gol di questa notte, è lui che fa esultare quel tutto esaurito a San Siro e a casa e poco importa se il solo Abbiati urlerà mano, e men che meno importa che dopo di sicuro ci saranno discussioni e domande destinate a rimanere senza risposta e senza senso.
Comunque la rete è assolutamente regolare, San Siro è nerazzurro, il derby ha ancora sessantun minuti di gioco da disputare.
Ma quindici minuti dopo è ancora Inter, lo è con Stankovic, Muntari passa, poi Ibrahimovic di testa per Deki, che tira al volo, come se

questo fosse un gol deciso dall'istinto e dal cuore. Perfetta incarnazione di quello che ogni interista a casa e a San Siro vuole da un suo idolo, questo Stankovic mette la parola fine al derby, senza che il Milan, anche se segna poi con Pato, riesca a uscire dal vicolo cieco della sua partita persa. Beckham esce, Ronaldinho trotta, sembrano insensati i peana mediatici al loro arrivo. Derby all'Inter, lo stadio è vuoto e l'orologio segna già l'inizio del giorno dopo, ma sembra ancora di sentire l'onda nerazzurra

MILANO'S S

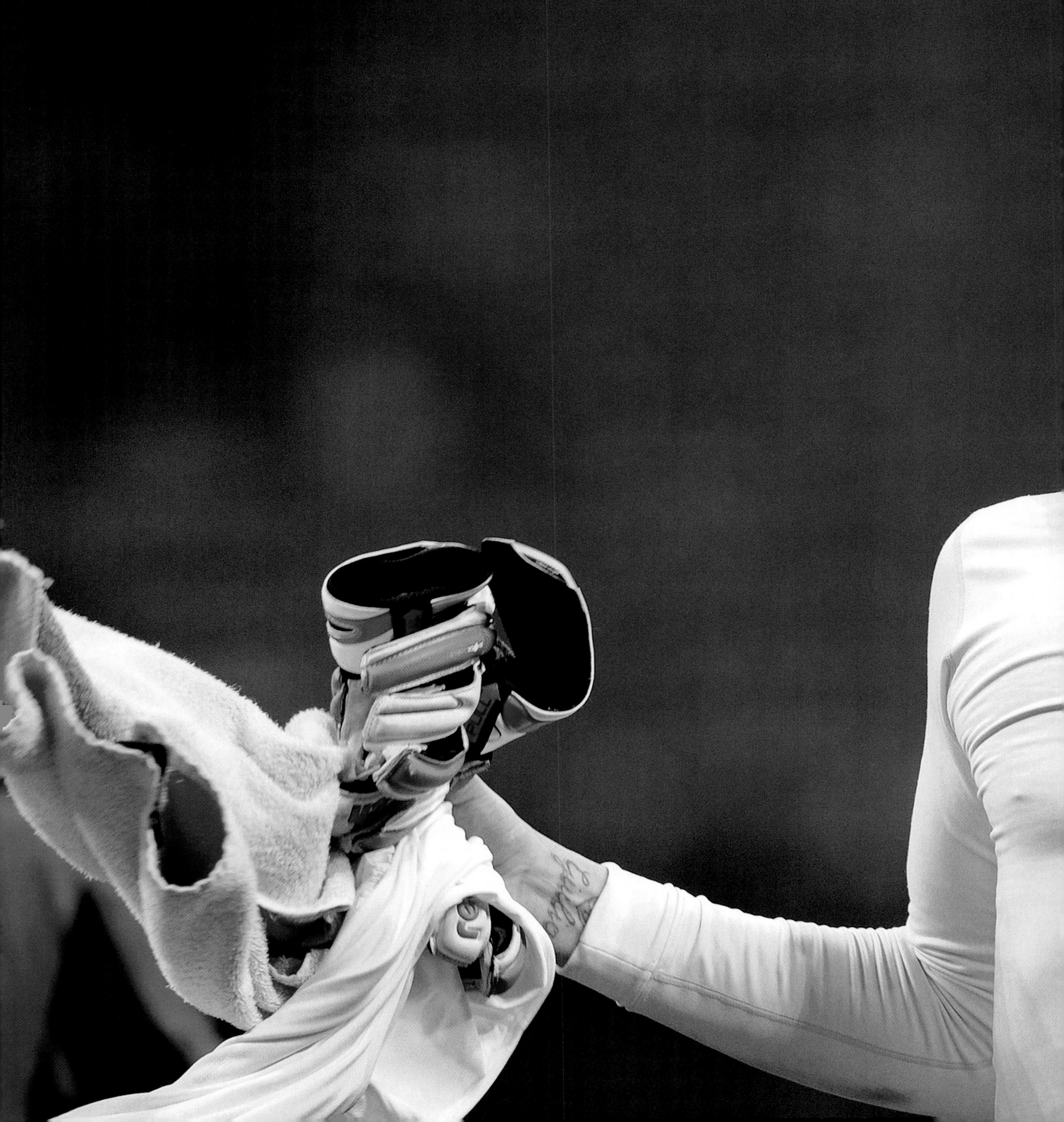

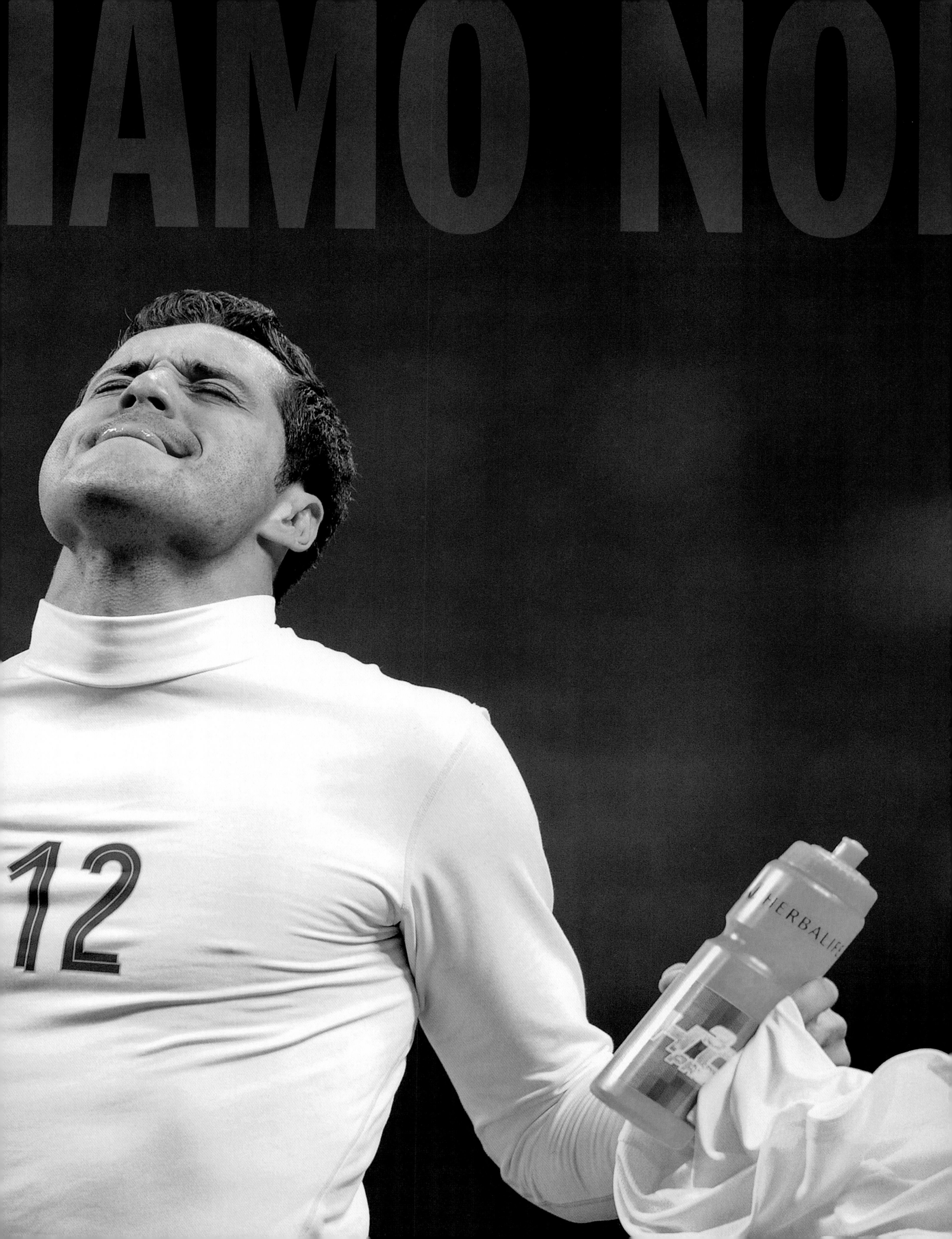
IAMO NOI
12
HERBALIFE

1-2

BOLOGNA - INTER

VIETATO DISTRARSI

Un sabato incredibile, con la tentazione di enunciare già qualcosa in inglese, fosse solo un vecchio, pure banale "how are you". Si gioca alle quattro, in onore alla Champions che verrà e si è i primi, dopo tocca a Roma e Juventus. Si gioca a Bologna, dove c'è da giurarci che Sinisa Mihajlovic ci metterà del suo per non fare sfigurare la sua squadra, anzi farà anche qualcosa di più, perché una bella fetta della sua vita passa anche da qui. Le squadre si schierano, e intanto una telecamera fruga in tribuna Roberto Mancini, faccia impenetrabile, ha di fronte l'amico fraterno sulla panchina del Bologna e davanti la squadra che ha portato per tre volte allo scudetto. José Mourinho prende posto sulla sua, di panchina, allontanando la sagoma rossa del Manchester United dai prossimi novanta minuti. Gianluca Pagliuca, molta Inter e molto Bologna dietro le spalle, c'è anche lui, a quella sua Inter non riuscì di passare i Red Devils in Coppa, e fu Champions per loro, giusto dieci anni fa. Sinisa Mihajlovic ha sostituito la sciarpona tricottata nerazzurra con una rossoblu e non ha fatto mistero di sentirsi tradito. Da molti. Motivo in più per cercare di farcela. Bologna diventa così un crocevia di storie, non solo una partita da tre punti. La storia in più se la gioca la squadra nerazzurra, chiamata a non deconcentrarsi anche se questo sabato, che sa tanto di Italia Inghilterra, è seduttivamente tentatore nel cercare di ammaliare tutti col profumo della Coppa dalle grandi orecchie. Mister chiaro in proposito: chi si distrae a Bologna, non gioca in Champions. Chi non si distrarrà neanche per un secondo è Julio Cesar, tanto per non far dimenticare che se le odi sono sempre per chi segna, chi para è altrettanto da celebrare. Anche chi difende. Non fa tanta allegria la notizia che Walter Samuel non ce la fa, ma non fa rimpiangere nessuno Rivas. Un film si titolava *Il Paradiso può attendere* a Bologna bisogna aspettare il secondo tempo per vedere qualcosa di liberatorio, nonostante Ibra sia il consueto genio in nerazzurro. La rete del vantaggio è firmata da Esteban Cambiasso, è rapida, intelligente e pragmatica, in altre parole, è come lui. Che al pareggio del Bologna evita di cadere nella tentazione di fermare il pallone a ogni costo, perché in quella frazione di secondo in cui era sul palo pensa che in undici l'Inter avrebbe vinto comunque. Ha ragione lui, Stankovic è in campo con la consueta efficacia e si rivede Mario Balotelli. È lui che in pochissimo dà il colpo del ko, con una leggerezza stupefacente, entra e tira, in pratica, e poi balla.

Cose da diciottenni col cuore leggero, verrebbe da dire, ammesso che nel calcio possa esistere una dizione del genere, così lui e Santon danzano, alla faccia delle esagerazioni, che li hanno ritratti già come cloni di campioni leggendari, anzi, li hanno disegnati come gli eroi del fumetto pallonaro, uno con la fama del cattivo e l'altro quella del buono. Non sembrerebbe a vederli, di sicuro a Siniša è una danza che non può piacere, ma è altrettanto sicuro che il suo Bologna ha dato e dà tutto il possibile.

E adesso manca una manciata di ore al primo round col Manchester. C'è chi dice in Inghilterra che sir Alex Ferguson soffra José Mourinho, che l'uscita dalla Champions misurandosi col Porto se la sogni ancora, un incubo vero. Più il resto.

Il che potrebbe essere banalmente il motivo in più per voler passare il turno, non ci vuole un genio per capire che anche il *fair play* ha dei limiti. Inter e Manchester sono in fuga nei rispettivi campionati. In Italia dicono che nessuno può fermare l'Inter, in Inghilterra dicono che nessuno può fermare il Manchester. Molto di più di un ottavo di finale a San Siro, praticamente il confronto fra i campionati migliori d'Europa.

LA PARATA DI JULIO CESAR

Ci sono partite decise da un gol all'ultimo minuto. In questa stagione i ragazzi lo hanno realizzato in più di un'occasione, Reggina, Udinese, ma ci sono partite che stai vincendo, con un solo gol di scarto e che concludi con i tre punti grazie a una prodezza del portiere, nella famosa zona Cesarini.

Accade al minuto 89 di Bologna-Inter. I ragazzi conducono 2-1. Cambiasso in tap in, su sviluppo di un corner, era copiato da Britos che di testa metteva nell'angolo. Balotelli infine, con una punizione che taglia l'area, su cui non arriva nessuno, nemmeno Antonioli, aveva danzato per il gol del vantaggio.

Ed ecco che al minuto 89, c'è un lancio lungo da destra, a tagliare il campo, che entra in area sulla sinistra, dove c'è Marazzina, che mette, di testa, verso il centro dell'area di rigore, dove il pericolo pubblico numero uno, Marco Di Vaio, l'uomo che con i suoi gol ha salvato il Bologna dalla retrocessione,

ha un sussulto. Su di lui sono stati impeccabili per tutta la gara Ivan Cordoba e Nelson Rivas, trovatosi in campo all'improvviso, per un infortunio durante il riscaldamento di Samuel. Mai una sbavatura, sempre in anticipo, mai un fallo. Il bomber di razza però, si sa, è fermo per 89 minuti, ma quando meno te lo aspetti ti colpisce. Ed è così. Sulla palla vagante dentro l'area, anticipa tutti, Cordoba lo perde un secondo, forse anche meno e Di Vaio è solo, e di testa la piazza forte, precisa, nell'angolo alto.

È gol, il 2-2. No! C'è lui, Julio Cesar che segna il suo personale gol, come dirà a fine gara. Ci arriva con la punta delle dita della mano destra e la toglie dall'angolo, strozza l'urlo di gioia a Di Vaio in gola, e scarica tutta la sua adrenalina in un gesto liberatorio. Quello dell'ennesimo gol di Julio Cesar il bomber aggiunto.

BOLOGNA

Antonioli, Zenoni, Moras, Britos, Lanna, Valiani (66' Marazzina), Mudingayi, Volpi, Mingazzini, Bombardini (78' Adailton), Di Vaio

INTER

Julio Cesar, Maicon, Cordoba, Rivas, Santon, Cambiasso, Zanetti, Maxwell (82' Balotelli), Muntari (47' Stankovic), Ibrahimovic, Adriano (79' Vieira)

Arbitro: Nicola Ayroldi
Reti: 57' Cambiasso, 79' Britos, 82' Balotelli

CLASSIFICA

Inter	59	Lazio	35
Juventus	50	Udinese	31
Milan	48	Catania	30
Fiorentina	45	Sampdoria	29
Genoa	44	Siena	27
Roma	43	Bologna	23
Cagliari	37	Torino	23
Atalanta	36	Lecce	22
Palermo	36	Chievo	20
Napoli	35	Reggina	17

3-3

INTER - ROMA

ZITTI, C'È MARIO

È qualche anno che la chiamano "la grande sfida", dev'essere perché si è ripetuta più volte, che fosse in campionato o in coppa, o forse risente dell'eco della dicotomia nord sud, capitali morali e capitali effettive, sta di fatto che la partita con la Roma manifesta sempre toni eccessivi. Nella sera milanese a San Siro, non farà eccezione, anzi, deborderà in una rissa mediatica che sa di stantio, da troppo è ripetuta, con la stessa cantilena lagnosa. Reduci dal pareggio con il Manchester, i nerazzurri hanno un avvio da cardiopalma, loro in vantaggio e sicuri di esserlo, Inter incerta sul da farsi, come se la sfida di Champions avesse svuotato non

la forza d'animo, ma la certezza di farcela. Nel calcio e nella vita essere certi di farcela è una grande sicurezza, incrinarla o sentirla incrinata è qualcosa di dannatamente difficile da battere. Critiche. Molte, troppe, ascoltate con l'orecchio alle televisioni, le stesse che tempo addietro avevano come ospite Luciano Moggi, a cose già avvenute, altre pronte, troppo pronte a tirare benzina sul fuoco non appena se ne presenti l'occasione. Facciamo una parentesi su Mario Balotelli, autore della prima rete. A far riflettere, è tutta la storia di Mario, dipinto prima come un supereroe, poi come un campione rifiutato e anche pitturato come

fosse l'emblema dell'Italia che cambia, dove il colore della pelle non dovrebbe significare più nulla, una storia che deve far pensare, fino alla chiosa finale. Mario diventa negli ultimi mesi un bulletto e in pochi istanti ci si rimangia tutto e si traccia un ritratto opposto a quello che si aveva fatto poco prima. Le potremmo chiamare indecisioni da titolo. Vendo di più così o in altro modo? Faccio audience di più così o in un altro modo? O forse, si creano ad arte manovre di disturbo.Rigore contestato, e va bene, ci può stare, non va che la stizza sia ripetuta, che la Roma non voglia mai accettare negli ultimi tempi la sua inferiorità. La sicumera, la

INTER

Julio Cesar, Maicon, Cordoba, Burdisso (46' Vieira), Santon, Zanetti, Cambiasso, Maxwell (46' Figo), Stankovic (78' Crespo), Balotelli, Adriano

ROMA

Doni, Motta, Mexes, Panucci, Riise, Taddei, De Rossi, Brighi, Pizarro, Baptista, Vucinic (76' Menez)

Arbitro: Nicola Rizzoli
Reti: 23' De Rossi, 29' Riise, 50' e 63' Balotelli (R), 57' Brighi, 79' Crespo

CLASSIFICA

Inter	60	Napoli	35
Juventus	53	Udinese	34
Milan	48	Catania	33
Fiorentina	46	Sampdoria	32
Genoa	45	Siena	28
Roma	44	Torino	24
Cagliari	38	Bologna	23
Lazio	38	Chievo	23
Atalanta	36	Lecce	22
Palermo	36	Reggina	18

certezza con cui verrà bollato tutto ha qualcosa che assomiglia troppo alla impossibilità di vincere. Bisogna saper vincere e anche saper non vincere. La curva romana che assorda di insulti San Siro ce l'ha qualche colpa per un gesto in cui si azzittisce la loro stizza razzista, oppure è fatta di angeli innocenti? Davvero Spalletti è convinto, con tutto il suo club, di aver perso uno scudetto lo scorso anno per motivi che non siano il semplice fatto di non essere riuscito a vincere? Dispiace dover perdere tempo a sottolineare queste ricorrenti speculazioni, ma va fatto per non perdere di vista un'Inter che si è ripresa, che ha tirato fuori quell'anima persa nel primo tempo, un José Mourinho che non ha avuto paura di cambiare, neanche di sconfessarsi, perché quel Crespo avanti negli anni non ha mai avuto vie preferenziali nelle sue scelte, eppure, non ci sono remore né da parte del mister né da parte del giocatore nell'affrontare un cambio in corsa che darà vita alla terza rete. Alla fine di una sera in cui i toni verbali si fanno decisamente troppo alti, rimane la certezza che il risultato c'è stato, ma l'Inter è quello che è, una sorta di veliero solo nel mare in tempesta, di cui nessuno apprezza mai i legnami o le vele perfette, neanche la maestria con cui si sceglie una rotta azzardata ma vincente. E forse va anche bene così. Almeno si sa di poter contare solo su se stessi e di non cercare alibi né protezioni.

LO STACCO DEL BOMBER

La Roma al Meazza, nelle ultime stagioni, ha sempre saputo disputare partite al di sopra della media. È sempre riuscita a mettere in difficoltà l'Inter, e anche quando si è vinto, si è dovuti passare attraverso grandi rimonte, come a esempio nel 4-3 di Supercoppa. Fino alla passata stagione Inter-Roma era la sfida scudetto. Quest'anno i giallorossi si sono sgonfiati, come quel corridore che mette tutto ciò che ha, per raggiungere il leader della corsa e quando pensa di avercela fatta, quello riscappa via, e lui si trova, svuotato, senza più forza per ripartire. Nonostante tutto ciò l'orgoglio dei giallorossi è forte, vogliono disturbare, sottolineare che sono quelli del passato, e, infatti, vanno sul 2-0.

Il carattere dei nostri lo conosciamo: 1-2, ma loro non ci stanno e allungano ancora, 1-3. Riprende la nostra rimonta, alimentata dalle giocate di Balotelli, pesantemente insultato dai tifosi giallorossi, con cori di stampo razzista, ma alla fine Mourinho al minuto 78 tenta la carta Crespo, al posto di Stankovic. 4-2-4 con Adriano e Crespo in mezzo, Figo e Mario larghi. Prima azione, la palla gira, la Roma si difende, sente la pressione, soffre, ma lotta. Crespo riceve centralmente e prova a cambiare gioco, un rimpallo e sulla sinistra Maxwell recupera la sfera e allarga per Luis Figo, che vede Maxwell proporsi in profondità, ma preferisce cercare di regalare un pallone al centro. Con una finta Luis manda a vuoto il tentativo di chiusura di Motta, un giovane, può crossare, morbido, verso il centro dove sono in cinque, Crespo e Adriano contro Mexes, Panucci e Riise. La palla arriva, Hernan punta il primo palo, salta alto, molto alto, fra Mexes e Panucci, lo stacco è perfetto la torsione per colpire di testa, da manuale per un centravanti. Palla colpita forte e precisa, angolo alto, palo e gol: 3-3, la rimonta è riuscita con un gol capolavoro di Hernan, il primo di una stagione per lui particolare, ma talmente bello da dimenticare tutto.

IL DUTTILE CAMBIASSO

Si arriva alla gara contro il Genoa in un clima particolare: i grifoni in casa sono imbattuti. Dopo la gara contro la Roma ci sono state polemiche e il 3 marzo alla vigilia di Samp-Inter di Tim Cup, partita perduta poi in malo modo, 3-0, José Mourinho aveva lanciato lo slogan scudetto: "Zero Tituli". "Vedo prostituzione intellettuale" – sottolinea Mourinho – "non si parla della Roma con grandissimi giocatori che finirà la stagione con zero tituli, di un Milan, che ha cultura vincente e tutto ciò di cui una squadra ha bisogno, che finirà con zero tituli e di una Juve che ha conquistato tanti punti con errori arbitrali". I giornalisti si divertono, ma si offendono, reagiscono, attaccano, ma la squadra pensa alla partita con il Genoa, deve superare lo scoglio della squadra di Gasperini, pareggio all'andata, eliminata, ma con fatica in Tim Cup e soprattutto in casa fortissima. La gara è subito in discesa, segna Ibra, poi uno alla volta, i due difensori centrali s'infortunano, prima Materazzi, poi Burdisso, dentro Cordoba e deve tornare in difesa Cambiasso. Nessun problema per il "Cuchu", ha già giocato lì per tutta l'estate, in Supercoppa contro la Roma, e alla prima di campionato contro la Sampdoria. Lui sa fare bene ovunque. Guida la difesa, testa alta, mai timore nell'uno contro uno, accorcia, urla, in una azione dei genoani, estremo baluardo per ben tre volte, è lui a respingere gli assalti dei rossoblu. Non si passa, c'è Cambiasso.

ONORE AL MERITO

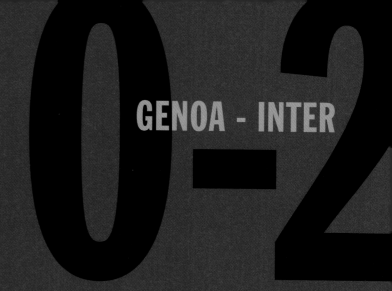

GENOA

Rubinho, Biava, Ferrari, Bocchetti (73' Mesto), Rossi, Motta, Juric, Criscito, Sculli (66' Olivera), Milito, Jankovic

INTER

Julio Cesar, Maicon, Burdisso (31' Muntari), Materazzi (16' Cordoba), Santon, Cambiasso, Zanetti, Stankovic, Figo (77' Mancini), Ibrahimovic, Balotelli

Arbitro: Emidio Morganti
Reti: 2' Ibrahimovic, 60' Balotelli

CLASSIFICA

Inter	63
Juventus	56
Milan	51
Fiorentina	46
Genoa	45
Roma	45
Lazio	41
Cagliari	39
Palermo	39
Atalanta	36
Napoli	35
Udinese	35
Catania	33
Sampdoria	32
Siena	31
Bologna	26
Torino	24
Chievo	24
Lecce	23
Reggina	19

Aria di mare, di vento ed echi di burrasca. Nuovo pomeriggio europeo datato sabato per tutte e tre le squadre italiane proiettate verso la Champions made in England, weekend di calcio privo di posticipo domenicale e ritorno a Marassi per l'Inter, dopo la sconfitta in Coppa Italia. Mormorii fra il pubblico di casa, già innervosito dalle polemiche e guardingo nei confronti di una squadra campione d'Italia e in vetta alla classifica che secondo loro scenderà in campo con anche la forza della voglia di riscattarsi dalla figuraccia di tre giorni prima.

Pubblico preveggente, ma confortato dalla consapevolezza che quest'anno il Genoa ha dimostrato di essere all'altezza dei migliori. Scendono in campo senza alcun timore. Questione di due minuti. Segna Zlatan Ibrahimovic, quello che in Coppa Italia non c'era. Se è vero che l'Inter non è, e non può essere solo, Ibra, è altrettanto vero che Ibra è la forza scatenante della squadra, è quello che ormai connota tutto, è lo stesso che ha dichiarato apertamente di amare Mourinho e i suoi metodi. Mourinho: reo confesso di essere fuori dal coro, di non far parte, esattamente come l'Inter, del per-benismo che fa da trama al calcio italiano. Cappotto scuro, notes nerazzurro, parole sempre scelte con cura, deferito perché nel calcio è vietata la critica, forse questo è uno dei pochi mondi in cui la libertà di parola è passibile di punizione. Il Genoa non si arrende, non si lascia intimorire da questi primi minuti di sfida, e sarà così per tutta la partita, fino alla seconda rete, discussa all'inverosimile. La palla di Balotelli rotola all'interno dell'area, è dentro per tutti, tranne per chi si è lasciato convincere all'idea che esistano delle trame oscure.

La storia di Genoa-Inter è anche la storia di Ibra accasciato e che poi ce la fa, lasciando solo qualche dubbio agli interisti rimasti col fiato sospeso, è anche Marco Materazzi che deve mollare, lui, uno che non molla per definizione, per infortunio, è la storia di una difesa a pezzi, orba di Nicolas Burdisso che parte per Manchester. Manchester, lato sir Alex Ferguson. Due panchine fra le più affascinanti d'Europa, due allenatori abituati a vincere, anzi a trovare la formula della vittoria, con la classe dei grandi comunicatori, uno zero a zero per ripartire dal campo dell'Old Trafford.

75

2-0

INTER - FIORENTINA

RITORNO A CASA

INTER

Julio Cesar, Maicon, Samuel, Chivu (46' Figo), Santon, Zanetti, Cambiasso, Muntari, Stankovic (85' Rivas), Ibrahimovic, Balotelli (83 Mancini)

FIORENTINA

Frey, Comotto, Gamberini, Kroldrup (85' Bonazzoli), Vargas, Jørgensen (80' Donadel), Kuzmanovic (75' Jovetic), Felipe Melo, Montolivo, Gilardino, Mutu

Arbitro: Daniele Orsato
Reti: 10' e 95' Ibrahimovic

CLASSIFICA

Inter	66
Juventus	59
Milan	54
Genoa	48
Fiorentina	46
Roma	46
Palermo	42
Lazio	41
Atalanta	39
Cagliari	39
Napoli	36
Udinese	36
Catania	34
Sampdoria	33
Siena	31
Chievo	27
Bologna	26
Torino	24
Lecce	23
Reggina	20

Ritorno a San Siro, ci si chiede come sarà. I viola si travestono da Diavoli Rossi, qualcuno deve aver pensato che porterà bene, Javier Zanetti scende in campo conscio di essere a qualche istante dalla sua seicentotrenta-quattresima (634!) presenza e di poter così dire di aver vestito la maglia nerazzurra tanto quanto Giacinto Facchetti, per lui un onore, nel ricordo di una persona molto amata, Ibra il cosiddetto "inutile" dai più beceri, dopo la partita con il Manchester, non ha alcuna voglia di sentirsi tale, a Julio Cesar quei due gol maledetti presi all'Old Trafford servi-ranno solo a fargli tornare in mente che è il miglior portiere del mondo, il fischio d'inizio battezza una nuova corsa verso la conquista del campionato.

Ritorno a San Siro, non ci si mette molto tempo, per l'esattezza solo undici minuti, a capire come sarà. È Ibra che batte Sebastien Frey, è suo il gol che chiarisce subito che il tempo dei rimpianti, per l'Inter è già finito. Il che non vuol dire affatto noncuranza, vuol dire forza. Ce la mette tutta la squadra, in una partita che risulterà avvincente proprio per quello, regalerà l'emblema di un portiere che oltre alle qualità tecniche, sa di non aver mai paura, una squadra che saprà sopperire alla stanchezza, alla delusione, in certi mo-menti anche al vuoto di idee con una forte consapevolezza di sé e della propria volontà di vincere. La seconda rete vale il costo del biglietto, si rimette in gioco Zlatan, quasi ce la faceva Santon e sarebbe stato leggenda-rio. Ma è Ibra che affonda i viola travestiti di rosso, lo fa con la rabbia giusta e con la consueta magia.

Grande gol, grande vittoria, chiosata con imperizia e mancanza assoluta di fantasia dalla bordocampista di Sky, che a fine gara gli chiederà della Champions del prossimo anno, si vede che non aveva in mente nulla, considerando che la vittoria con la Fiorentina è, invece, una pietra miliare nella riafferma-zione di tenersi la testa della classifica. José Mourinho viene espulso dal campo si vede che il mondo del pallone italiano ha una gran voglia di espellerlo, troppo dirompente nel suo essere chiaro. D'altronde è un mondo così, afflitto da perbenismi ipocriti, alzi la mano chi non si ricorda le frasi di Spalletti e della signora Sensi dopo il gol di Mario Balotelli, preso a bersaglio dalla loro tifo-seria razzista, esattamente come è successo con il pubblico viola, colpevole di razzismo palese e che nessuno si azzardi a dire che sono i soliti scemi. Sono molto peggio. La partita si chiude e il campionato vale moltis-simo. A furia di sentirsi sminuire questa vetta della classifica, è bene non dimenticarlo.

Inter-Fiorentina, altra tappa insidiosa della maratona del campionato, dopo essere stati eliminati quattro giorni prima in Champions League dal Manchester United. Sono gare determinanti, nel calcio si può perdere, ma se ti lasci andare, le sconfitte sono come le ciliegie, una chiama l'altra. Serve una reazione immediata, meglio contro un avversario forte come la Fiorentina. Si parte bene con Ibra che trova, su un rimpallo, quel gol che a Manchester non aveva realizzato. Il calcio non ha regole, si sbagliano i gol facili, e quando meno te lo aspetti, segni senza quasi accorgertene. 1-0. La gara resta, però in equilibrio, si cambia modulo, esce Chivu, Cambiasso torna in difesa, Figo

in avanti. Si è più offensivi per cercare di chiudere una partita che stai giocando bene, ma che rimane nel limbo. Mourinho legge il pericolo e sfida Orsato che lo manda negli spogliatoi. Sale la tensione. Il gol del 2-0 arriva, alla fine. C'è una punizione dai 32 metri. Frey mette due uomini in barriera, errore. Ibra prende la rincorsa e calcia, collo interno destro, la palla forte, precisa, potentissima, veloce, viaggia a 109 Km/h e sorprende Frey che non la vede, la sente però sbattere sotto la traversa e finire in gol. Forza, precisione, rabbia, in quel tiro di Ibra c'è tutto questo. 2-0, tre punti. Si riparte.

3-0

INTER - REGGINA

QUELLI SENZA DIFESA

INTER

Julio Cesar, Maicon, Rivas, Cambiasso, Santon, Zanetti, Muntari, Mancini (41' Obinna), Stankovic (68' Jimenez) (81' Maxwell), Balottelli, Ibrahimovic

REGGINA

Puggioni, Lanzaro, Valdez, Santos, Costa, Brienza, Barreto, Barillà (67' Sestu), Carmona, Adejo (78' Krajcik), Cozza (74' Ceravolo)

Arbitro: Paolo Silvio Mazzoleni
Reti: 6' Cambiasso, 10' (R) e 58' Ibrahimovic

CLASSIFICA

Inter	69	Napoli	37
Juventus	62	Catania	37
Milan	55	Udinese	36
Genoa	51	Sampdoria	36
Fiorentina	49	Siena	31
Roma	46	Chievo	30
Cagliari	42	Bologna	26
Palermo	42	Torino	24
Lazio	41	Lecce	24
Atalanta	40	Reggina	20

Ventinovesima giornata. Dicono, quelli che si dilettano in proposito, che da qui in poi le scommesse sono più sicure. Questione di gusti, il campionato non è una merce in vendita per gente che azzarda, è qualcosa di più sottile, è una via di mezzo fra una sintesi scientifica di schemi di gioco, l'analisi di chi hai a disposizione, e la sapiente iniezione di sicurezza nelle vene di chi per DNA è già campione. Il calcio della ventinovesima giornata a San Siro per l'Inter è senza difesa: nel senso letterale del termine, praticamente. Inter-Reggina, i primi contro gli ultimi, sembra un'avventura già scritta, intanto che il fischio d'inizio sancisce una sfida. Vorranno l'impresa, gli altri. Vorremo vincere, noi.

Ci vuole molto poco. Quell'Inter senza difesa ha mollato la ricerca della soluzione a José Mourinho, che ha sapientemente mescolato le poche carte rimaste e che poi definirà una non coppia di difensori centrali composti da Cambiasso e Rivas.

È proprio Cambiasso a fare la differenza, segna lui, è qualcosa di davvero speciale, un centrocampista messo a fare il difensore che diventa goleador. Per la serie "incredibile ma vero", anzi "incredibile, ma Cuchu". È solo la prima rete. Segue un rigore, un rigore senza dubbi. I dubbi sull'Inter ormai sono materia annosa e anche molto noiosa, ma se vogliamo proprio esagerare con le rime, sono anche roba pericolosa. Per la serie "così fan tutti", o facevano. Tanto per fare un po' di allenamento mentale, non dimentichiamo che siamo a poco dal processo su Calciopoli. Tira Ibra. E segna. E son due. La magia va al terzo gol, che è il capolavoro del calcio. Perché è difficile che uno si migliori così tanto, rispetto alla stagione precedente. Anche se si chiama Zlatan Ibrahimovic e anche se ha come allenatore uno che apertamente stima come José Mourinho. E se le leggende mediatiche mollano perle che li vedono sbarcare su altri lidi, sono leggende, spezzoni del lungo tormentone mediatico che inizia ora e finisce a chiusura del mercato. Personaggi e interpreti non solo i giornalisti, ma anche gli agenti, i procuratori, i calciatori, forse loro anche meno di tutti gli altri. Facciamocene una ragione. Tre a zero. Sette sotto per gli altri. Eravamo senza difesa.

IL CUCCHIAIO

I gol sono tutti belli, perché rappresentano il momento di maggior gioia nell'arco dei 90', paragonabile solo a quello del fischio finale, quando l'arbitro certifica la tua vittoria, il raggiungimento dell'obiettivo di giornata. Alcuni gol però sono importanti perché consentono di raggiungere un determinato traguardo o perché restano nella storia di un club e di un giocatore per la qualità del gesto tecnico. Zlatan Ibrahimovic, è spesso "rimproverato" per non segnare gol banali. Forse è vero, ma è altrettanto vero che i suoi gol sono spesso unici, dei veri e propri capolavori per gli amanti del bel calcio. Hanno segnato Cambiasso e Ibra su rigore, fatto raro averne a favore.

pressa e recupera il pallone a centrocampo e allarga immediatamente per Ibra, che controlla, studia la situazione, e taglia, palla al piede il campo in diagonale. Lo attaccano in tre, Valdes, Santos e Carmona, lui passa in mezzo a loro con un dribbling. La palla, i reggini la cercano, non la trovano, quella, Zlatan non la lascia mai. È al limite dell'area, centralmente, e a quel punto Ibra guarda, con la coda dell'occhio il portiere Puggioni che chissà cosa pensa. Sicuramente non si aspetta da Ibra il tiro che puntualmente arriva. Sinistro morbido, colpo sotto, cucchiaio, pallonetto, Puggioni può solo raccogliere. Il genio si ferma e aspetta l'abbraccio festante dei suoi compagni.

FORZA NOVE

UDINESE - INTER

0-1

LE VERTICALI DI VIEIRA

Udine è il campo dove non si è mai vinto nelle ultime due stagioni, anzi gli unici imbattuti contro i campioni d'Italia sono stati loro, i bianconeri d'Udine. L'alchimia si è già rotta all'andata, quando l'Udinese sognava il primato in classifica. Battuti, e ridimensionati. Da quel momento difficoltà per i friulani che però contro l'avversario di valore, ritrovano antiche qualità. La gara è difficile. I ragazzi di Marino difendono molto bene, non concedono spazi, raddoppiano sempre le nostre due punte. Allora, Ibrahimovic e Balotelli, iniziano a uscire dalla tana per aprire spazi per gli inserimenti dei centrocampisti. Ci sono Muntari e Stankovic, bravi ad attaccare gli spazi e a sfruttare queste giocate, ma serve altro, qualcuno in più. Arriva il cambio, fuori Santon dentro Vieira. Zanetti torna in difesa e Patrick inizia con i suoi classici inserimenti, le sue verticalizzazioni. Lui è maestro in queste giocate, lo sappiamo, lo sanno anche gli avversari, ma non lo fermano. Alla fine proprio da una verticalizzazione di Patrick arriva il gol. Palla a Zlatan, che al limite aspetta il movimento di Patrick, che taglia la difesa friulana entrando in area. L'invito d'Ibra è preciso, delizioso, Patrick controlla, è attaccato, irregolarmente, rigore, no, non ce n'è bisogno perché la palla schizza via impatta su Isla che segna il più incredibile degli autogol. Merito di chi è andato in area a mettere paura a una difesa che aveva concesso poco fino a quel momento. Bravo Patrick.

UDINESE

Belardi, Isla, Zapata, Felipe, Pasquale, Inler (83' Obodo), D'Agostino, Asamoah, Pepe, Quagliarella, Floro Flores

INTER

Julio Cesar (73' Toldo), Santon (68' Vieira), Cordoba, Chivu, Maxwell, Zanetti, Cambiasso, Muntari, Stankovic, Ibrahimovic, Balotelli (68' Figo)

Arbitro: Luca Banti
Reti: 77' Isla (A)

In una santa domenica, come quella delle Palme, e celebrata a modo suo dal calcio con una giornata non stop dalle tredici fino alle ventidue, l'Inter si scalda su un campo che tradizionalmente le dà da fare. Udine, ore diciotto e trenta, nello "spalmone" delle partite ci tocca un fischio d'inizio alle diciannove. Giocatori in campo, Maicon in Brasile e fuori finoa fine stagione, Santon nel suo ruolo naturale, ancora sette punti sui bianconeri. Hanno solo pareggiato col Chievo, partita che sembrava facile per loro da vincere, mentre si sa che l'Udinese sarà difficile da battere. Però sarebbe l'ideale, uscire da questo campo con tre punti in più, lo sarebbe anche se l'avversaria dimostra subito di essere degna di tale nome, sarebbe come avvicinarsi a quel numero diciassette di una cosa che rima con "sacchetto" e che non si nomina mai per scaramanzia, sarebbe perfino un passo verso la storia, quattro volte consecutivamente campioni d'Italia potrebbe diventare un colpaccio storico.

Un po' stracciati dalle nazionali, vagamente stanchi ma determinati a passare oltre, i nerazzurri tengono botta ai padroni di casa, stessi colori della più tradizionale delle avversarie, si difendono, hanno in Cambiasso un'anima, schiereranno alla fine una compagine quasi dimenticata di campioni, che hanno un valore che a Mourinho non sfugge. Maxwell, quello che dovrebbe andarsene stando al suo agente che negli ultimi tempi

sconquassa di dichiarazioni il mondo dei media, anche se fosse scontento, riemerge con la solita forza dalla panchina. Questa sarà la partita di chi non si vede in campo da un po', sarà decisa dai cambi di chi è giovanissimo e non si sta ritrovando a favore di chi ha esperienza sicura.

Davide Santon e Mario Balotelli cedono il posto nello stesso minuto rispettivamente a Patrick Vieira e a Luis Figo. Per Davide forse troppa pressione, per Mario una giornata non delle migliori. Due cambi emblematici, e dopo otto minuti arriva un'autorete che pare un gol di Vieira a risolvere tutto. E anche se fosse una botta di fortuna in una partita che Mourinho disseziona con la consueta pragmaticità, e non definisce bella, ci sta benissimo.

L'altra faccia della fortuna a volte è il carattere, la determinazione, la genialità mai sopita di Ibra, il colpo giusto dovuto alla concentrazione massima. Il giorno dopo quel numero nove che a fronte di altre otto partite da affrontare segna il distacco dalla Juventus, farà letteratura.

Forza nove, definizione presa a prestito dalle tempeste marine, campeggerà ovunque. Intanto che nella notte, l'Italia verrà ferita al cuore, nella provincia dell'Aquila, da un sisma che ci vede tutti vicini a gente che ha perso per sempre affetti e case. Non si può non farne accenno, anche se siamo nel momento in cui il calcio ci sta dando le maggiori soddisfazioni.

CLASSIFICA

Squadra	Pt	Squadra	Pt
Inter	72	Napoli	38
Juventus	63	Catania	37
Milan	58	Sampdoria	37
Genoa	54	Udinese	36
Fiorentina	52	Siena	34
Roma	49	Chievo	31
Cagliari	45	Bologna	26
Palermo	45	Lecce	24
Lazio	41	Torino	24
Atalanta	40	Reggina	20

2-2

INTER - PALERMO

LA GRANDE BEFFA

Il silenzio ha una sua voce fortissima. Sessantacinquemila persone a San Siro forse respirano perfino piano. È il sabato prima di Pasqua, c'è poco traffico. Non si sente neanche l'eco della città, solo quella voce, fortissima, la voce del silenzio, un abbraccio corale all'Abruzzo. Inter-Palermo, la gente è arrivata davvero, il richiamo del Mister è stato amplificato, c'è aria di primavera e aria di festa. Festa di Pasqua, intendiamo, naturalmente, di quell'altra si percepisce il desiderio, nel tifo del pubblico, anche nella forza del primo tempo. In campo quelli di Udine, solo Julio Cesar non c'è, ma Francesco Toldo è un valido alter ego, neanche un secondo, sarebbe riduttivo definirlo così. Pochi minuti e potrebbe essere rete, se Ibra non fosse tradito da una lunghezza di troppo. Non sarà l'unica volta, magari può pure essere che le cose facili, a chi fa bene quelle difficili, non riescano. Sono applausi da scena aperta comunque e poi ci sarà poco da aspettare, arriverà Balotelli a siglare il vantaggio. Mario esulta con quella leggerezza che gli permette di affrontare qualsiasi avversario, la stessa che gli consente ormai di finire preso a gomitate in continuazione, attualmente è una specie di sottodisciplina del calcio. Bisogna sottolinearlo, questo ragazzo che Mourinho sta cercando di trasformare definitivamente in un campione, che da Supermario è passato attraverso la rete dei media "a bullo", è stato proclamato nero d'Italia e poi preso a insulti razzisti, ha questa sua particolarità, passa oltre a tutto. Mediocremente arbitrata, la partita continua con un rigore netto e non dato e uno netto e dato, Muntari viene steso, ma si vede che non importa, Ibra viene steso e ce ne si accorge. È un attimo, è il due a zero, San Siro se la ride, il Palermo dorme, l'anima "bauscia" del pubblico è sollevata, qualcuno si chiede se i rosanero si ricordino di essere scesi in campo, si fischia l'intervallo e poi ci sarà il secondo atto di quella che potremmo chiamare la grande beffa. Due reti in tre minuti, o giù di lì. Due gol, da tre punti in più se ne porterà a casa solo uno. Niente di tragico, solo quella punta di delusione, di amarezza per

un'opera incompiuta, anzi, inaspettatamente incompiuta. Questa volta cambiare i giovani per i più esperti non porta a nulla, è solo un punto che aggiunto agli altri fa dieci sulla Juventus, che deve ancora giocarsela col Genoa. Dieci, un numero ottimo nella cabala del calcio, i dieci hanno fantasia; dieci, un ottimo voto quando a scuola c'erano i voti e non i debiti, anche se che adesso la scuola sembra assomigliare a una banca e gli scolari degli oppressi dal mutuo. La grande beffa del sabato di Pasqua colpisce anche la Juventus, stritolata dal Genoa. Adesso non fate cabale, non stilate listini, non prevedete vantaggi e date, quella di sabato prossimo è una partita a sé, con una storia alle spalle di sfide infinite. L'ultima l'ha decisa a novembre Sulley Muntari, c'era Adriano in campo, quello stesso che a distanza di un oceano adesso denuncia la sua fragilità e annuncia la resa, indirettamente e per interposta persona. Il diritto alla felicità è sacrosanto per tutti, la possibilità di realizzarlo è un privilegio di pochi, la sua storia finisce sminuzzata nei giorni in cui in Abruzzo sentirsi felici vuol dire sapersi vivi. Ma forse ognuno ha la sua storia e neanche la sua è priva di drammi.

INTER

Toldo, Santon, Cordoba, Chivu, Maxwell (79' Crespo), Zanetti, Cambiasso, Muntari (79' Figo), Stankovic, Balotelli (74' Vieira), Ibrahimovic

PALERMO

Amelia, Cassani, Kjaer, Carrozzieri, Balzaretti, Migliaccio (46' Bresciano), Liverani (50' Bovo), Nocerino (57' Succi), Simplicio, Cavani, Miccoli

Arbitro: Carmine Russo
Reti: 15' Balotelli, 38' (R) Ibrahimovic, 73' Cavani, 76' Succi

CLASSIFICA

Inter	73	Sampdoria	40
Juventus	63	Napoli	39
Milan	61	Udinese	39
Genoa	57	Siena	37
Fiorentina	55	Catania	37
Roma	49	Chievo	31
Palermo	46	Torino	27
Cagliari	45	Bologna	26
Lazio	44	Lecce	24
Atalanta	41	Reggina	20

LA TESTA DI MARIO

Mario Balotelli ha grande tecnica, piedi fatati, ma sa, lui per primo,
che il colpo di testa non è il suo gesto tecnico migliore. Forse non è quello
preferito, ma di sicuro quello su cui sta lavorando per migliorarsi sempre più.
"Work in progress", potremmo dire, ma per ora, si possono contare
i gol realizzati, staccando più alto di tutti, in un'area di rigore.
Accade contro il Palermo ed è anche un bel colpo di testa. Ibra, a sportellate,
vince un duello sulla trequarti sinistra e guadagna una rimessa laterale.
C'è fretta, voglia di sbloccare la partita subito. Siamo al minuto 15 del primo
tempo. La rimessa in gioco la esegue lo stesso Ibra, subito, senza attendere
gli altri compagni. Serve Muntari, che arriva veloce, controlla, guarda chi c'è
in mezzo all'area di rigore e vede Balotelli fra Carrozzieri e Kjaer. Il cross è un
invito dolce, dietro la linea dei difensori, che vorrebbero far scattare la trappola
del fuorigioco, ma non vi riescono bene. Mario scatta, arriva al limite dell'area
piccola, salta a raccogliere questo dolce invito e, di testa, senza fatica, piazza
il pallone dove Amelia – che ancora si domanda da dove sbucava tutto solo
Balotelli – non può arrivare. Fino a ora era accaduto solo in un'altra occasione,
in Inter-Siena, gara quasi scudetto del 2008. I gol di testa di Mario sono colpi
rari, quindi da gustare ancor di più.

JUVENTUS - INTER

1-1

SENZA SCUSE

JUVENTUS

Buffon, Grygera, Legrottaglie, Chiellini, Molinaro (63' De Ceglie), Marchionni (74' Trezeguet), Poulsen, Tiago, Nedved, Del Piero (80' Giovinco), Iaquinta

INTER

Julio Cesar, Zanetti, Cordoba, Samuel, Chivu, Cambiasso, Figo (87' Cruz), Stankovic, Muntari (77' Burdisso), Balotelli (76' Vieira), Ibrahimovic

Arbitro: Stefano Farina
Reti: 64' Balotelli, 91' Grygera
Espulsi: Tiago

CLASSIFICA

Inter	74	Atalanta	41
Milan	64	Catania	40
Juventus	64	Sampdoria	40
Genoa	57	Napoli	39
Fiorentina	55	Siena	37
Roma	52	Chievo	34
Palermo	49	Torino	27
Cagliari	48	Bologna	26
Lazio	47	Lecce	24
Udinese	42	Reggina	23

Uova, insulti, oggetti vari. Piove sull'Inter, è il tardo pomeriggio di sabato. In realtà è solo il preambolo di quanto sta per succedere. l'Inter scende in campo per il riscaldamento circondata da un astio percepibile, tangibile e consequenziale al tentativo, molte volte riuscito, di ribaltare il concetto di giustizia e di confondere le acque di calciopoli. Ma ci sarà di più. In campo José Mourinho mette Julio Cesar, che si è ripreso alla grande e lo dimostrerà. Il capitano Zanetti, che li conosce bene. Ivan Cordoba, che è un soldato. Walter Samuel, uno che impressiona come sicurezza. Cristian Chivu, uno incapace di risparmiarsi. Sulley Muntari, una saetta. Esteban Cambiasso, un ingegnere del gioco. Luis Figo che è Luis Figo. Dejan Stankovic'che è stata una loro chimera mai agguantata. E poi ci mette uno "zingaro" e un "negro". Stando a come li chiama l'Olimpico di Torino. Zlatan Ibrahimovic e Mario Balotelli. Da una parte si gioca per il diciassettesimo scudetto, dall'altra hanno annunciato che si gioca per l'onore. Parola grossa. Molto grossa. Breve sintesi. Balotelli è vicino alla rete in poco tempo, i fischi Ibra se li era già messi in conto, Julio Cesar è concentrato e reattivo, Figo va quasi in rete al trentasettesimo, Zanetti quasi ci rimette la testa, al quarto del secondo tempo Stankovic si vede soffiar via la rete per un fiato, dopo sette minuti Ibra viene trattenuto da Legrottaglie, Muntari scivola di un soffio e poi Mario va in gol. Ci sarà un rigore negato su Ibra e la rete del pareggio con Grygera a tempo scaduto. Ma questa rimane una partita che prescinde dal risultato. Forse, siamo tutti razzisti. La denuncia blanda dei cori, con bersaglio Mario Balotelli, la consueta caccia all'uomo in campo, impunita, la beffa della tiritera moralizzatrice del cattolicissimo Legrottaglie, non possono che arrivare a questa conclusione: si è talmente fatto il callo a questi fatti, rubricati alla voce "i soliti scemi", che non viene più neanche in mente che si possono anche sospendere le partite in un clima del genere.

Sul momento non c'è stata nessuna reazione, neanche una parola di scuse, da parte della Juventus. Arriveranno con venti ore di ritardo. Se sono i "soliti scemi" a massacrare di insulti un giocatore dell'Inter, allora sono in molti gli scemi, talmente tanti a giudicare l'Olimpico ieri che la conclusione è agghiacciante. Da Inter Roma ad adesso, in casa e in trasferta, il linciaggio razzista è stato puntuale, a eccezione della partita con il Palermo, anche se mai si è arrivati al culmine di ieri. E così, si torna al punto di partenza. Siamo tutti razzisti.

7 TOCCHI PER UN GOL

La maggior forza rispetto alla Juventus, l'Inter l'aveva dimostrata già nella gara d'andata. Anche il match dell'Olimpico di Torino, quello atteso dai bianconeri come la gara dell'aggancio sognato, ha loro dimostrato quanto divario vi sia stato quest'anno fra le due squadre. Tante palle gol create nel corso della sfida da un giocatore su tutti Mario Balotelli. Nel primo tempo era già a un passo dal gol, quando, entrato dopo uno slalom in area, solo contro Buffon, aveva visto il suo tiro – smorzato dal portiere juventino – non oltrepassare la linea di porta solo per un salvataggio da moviola in campo di Grygera sulla linea bianca. Al minuto 19 della ripresa però si palesa una delle qualità dell'Inter di José Mourinho, saper ripartire con rapidità e cattiveria in gruppo. Recupero della sfera al limite dell'area di Stankovic. Con sette tocchi di prima si percorrono 80 metri e si segna. Deki appoggia a Muntari, che apre a Ibra che di tacco rende all'indietro a Stankovic, che gli rimette immediatamente il pallone in verticale. Siamo a metà campo, sulla sinistra, Ibra vede Sulley che va in profondità, rapido come lui sa fare, un tocco e la palla è sua. La guarda, guarda in mezzo dove vede arrivare Mario. Tocco al centro di prima intenzione e Balotelli è ancora una volta solo contro Buffon. Piatto cattivo di destro, imprendibile, e poi la corsa nel settore dei tifosi dell'Inter mostrando lo scudetto e il netto gonfio di gioia e orgoglio. Sette tocchi, 80 metri e gol. Un capolavoro.

1-0

NAPOLI - INTER

VEDI NAPOLI E POI...

NAPOLI

Navarro, Santacroce, Contini, Aronica, Montervino, Amodio (89' Bogliacino), Hamsik, Blasi, Mannini, Denis (63' Zalayeta), Lavezzi (84' Datolo)

INTER

Julio Cesar, Zanetti, Cordoba, Samuel, Maxwell, Cambiasso, Muntari (21' Burdisso), Figo, Stankovic (32' Jimenez), Balotelli, Crespo (12' Cruz)

Arbitro: Roberto Rosetti
Reti: 73' Zalayeta

CLASSIFICA

Inter	74	Atalanta	44
Milan	67	Napoli	42
Juventus	65	Sampdoria	41
Fiorentina	58	Catania	40
Genoa	57	Siena	37
Roma	52	Chievo	34
Cagliari	49	Torino	30
Palermo	49	B ologna	29
Lazio	47	Lecce	27
Udinese	45	Reggina	24

Il San Paolo urla forte la voglia del riscatto, notte napoletana di fine giornata calcistica, la trentatreesima, in campo da una parte i campioni d'Italia e dall'altra quelli della svolta, inseguita e auspicata, quelli che non ci stanno a darsi per vinti. Non c'è e non ci sarà niente di ovvio nella sfida, anzi sulle facce dei protagonisti si legge già la trama di una partita vera, il calcio non ha mai nulla di scontato, prima si gioca e solo dopo se ne parla.

Non ci sarebbe però storia se a Walter Samuel andasse bene, questione di pochissimo, non ci sarebbe storia se a Ibra andasse bene, questione di pochissimo, non ci sarebbe niente di nuovo sotto il sole, anzi sotto la notte di Napoli se la trama della partita seguisse un percorso annunciato. Non fosse che il Napoli questa volta non ci sta ed è talmente furbo e cinico, da approfittare alla grande di un'unica occasione. Segna ancora Zalayeta, come nella scorsa stagione, e poi, non ci sarà più tempo per ricostruire un gioco efficace, in mezzo a interruzioni continue che spezzettano qualsiasi azione.

Peccato, il ragazzo più insultato d'Italia e anche più bersagliato sia sul campo che dalle tribune non ci sarà con la Lazio e non ci sarà neanche Stankovic il guerriero, ammonizioni molto discutibili in un ambito che ovviamente si fa nervoso.

Il Mister fa i complimenti al Napoli, una partita da pareggio la definisce, lucidamente spietato nei confronti dei suoi giocatori, la canea mediatica del Milan che batte seccamente il Palermo crea la leggenda del brivido relativo a un nuovo avversario, l'Inter è alla terza sconfitta in campionato, dato da sottolineare, non sono molte, anzi davvero poche e questa squadra è la stessa che ha manifestato carattere, forza e continuità. Nessun timore, la Lazio arriva a San Siro e con San Siro dovrà vedersela.

UN MINUTO E 34 SECONDI

Stadio Olimpico di Roma, calcio d'angolo dalla destra. Si gioca da un minuto e 34 secondi. La palla attraversa l'area di rigore senza che nessuno la tocchi, dalla bandierina opposta raccoglie Muntari, cross di prima intenzione verso il centro dell'area, dove Walter Samuel svetta, anticipa De Silvestri e di testa mette nell'angolo alto. Inter in vantaggio. Quando sblocchi così presto la gara, fai saltare le strategie preparate dall'avversario, che si trova costretto a rincorrere fin dall'inizio. Finirà con una vittoria per 3-0. Stadio San Paolo di Napoli. Si gioca da un minuto e 34 secondi. Calcio di punizione dalla trequarti sinistra. Al centro dell'area c'è traffico. Hamsik, spintona Samuel. Parte la traiettoria, più rapido di tutti svetta Walter Samuel, sempre lui,

il più veloce, gran senso del tempo per staccare centralmente, all'altezza del dischetto di rigore, solo contro tre difensori del Napoli. Il colpo di testa è perentorio, preciso, molto angolato. Navarro è come un gatto, un balzo, un colpo di reni e, con la punta delle dita della mano sinistra, arriva a toccare via quel pallone. La sensazione del gol è nell'aria, ma il timore per il pubblico di casa svanisce. Per la cronaca alla fine vince il Napoli 1-0. È il calcio. Stesso minuto, stesso gesto tecnico, due risultati differenti, in quel momento e, forse, anche se non ne puoi avere la controprova, a fine partita.

2-0

INTER - LAZIO

IL POPOLO DEI GUFI

INTER

Julio Cesar, Santon (58' Vieira), Cordoba, Samuel, Chivu, Zanetti, Cambiasso, Muntari (77' Burdisso), Mancini (58' Crespo), Figo, Ibrahimovic

LAZIO

Muslera, Siviglia, Rozehnal, Radu (73' Lichtsteiner), Kolarov, Brocchi, Ledesma, Matuzalem, Del Nero (62' Foggia), Rocchi, Zàrate (84' Kozàk)

Arbitro: Paolo Tagliavento
Reti: 58' Ibrahimovic, 70' Muntari

CLASSIFICA

Inter	77
Milan	70
Juventus	66
Fiorentina	61
Genoa	60
Roma	53
Palermo	52
Cagliari	49
Udinese	48
Lazio	47
Atalanta	44
Napoli	42
Sampdoria	41
Catania	40
Siena	40
Chievo	35
Torino	30
Bologna	29
Lecce	28
Reggina	27

Sarà che Milano è deserta, almeno più di quanto ci si aspetti per il ponte del primo maggio e alla fine di pieno c'è solo San Siro. Sarà che le attese snervano e le scadenze sembrano non arrivare mai. Sarà il primo caldo serale. Sarà che è stata imbastita tutta questa affascinante trama dei rivali milanesi, che ci credono e forse faranno la grande cavalcata, d'altronde i bianconeri si sono arenati, e i gufi non hanno mancato di ricordare un altro maggio, un'altra Inter, un'altra Lazio e pure un altro calcio, non ancora frequentatore delle aule di tribunali. Elemento questo che, incredibile, non compare mai nelle cronache.

Fatto sta quella contro la Lazio è una sfida sull'orlo della crisi di nervi, si respira aria elettrica allo stadio, assolutamente all'inizio non in campo, dove si preparano i soliti noti e qualcuno non ignoto, ma assente giustificato da tempo. Non sarebbe neanche una beffa se il pallone entrasse dentro subito, o almeno a poco da subito. È un inizio di primo tempo acceso, vincere in questa serata è fondamentale come lo è sempre, forse solo un pochino di più. Lo sarebbe per allungare, per mettere sotto pressione, per smantellare la trama, e anche per allontanare dei fantasmi che, sinceramente, non abitano nella vita nerazzurra da tempo.

La Lazio reagisce, cioè fa il suo, è una partita, non un tè da salotto, all'intervallo, nonostante tutti cerchino di fare il loro meglio, ci si ritrova all'asciutto. José Mourinho cambierà, e sarà tutt'altra musica.

Il secondo tempo è più agguerrito, è più deciso, e Zlatan Ibrahimovic segna e fa segnare. Segna con un colpo spettacolare, e fa una rete preziosa, ma qui si innesta la storia nella storia, che andrà oltre il risultato, perfetto nella sua rotondità. Segna anche Sulley Ali Muntari, su suggerimento sempre di Zlatan, dà altra linfa a una partita sicuramente importante, piazza il sigillo sul risultato, improvvisa una danza zampettante, intanto il mister, che fa un credo del fatto che nel calcio non ci si deve far confondere da una sola rete, invita già sul gol di Ibra a non farsi prendere dall'euforia. Atmosfera elettrica a San Siro, si diceva, Ibra ha zittito tutti, ma forse chi fischia Ibra se ne infischia dell'Inter.

Fischiare è lecito, infischiarsene di una squadra che sta battendosi per vincere il quarto titolo consecutivo è assurdo e infischiarsene e fischiare un campione che ha attaccato, segnato, difeso, mai come in questa stagione è impensabile, se non per un rossonero. Il giorno dopo, la domenica normale del calcio, è segnata dalle contestazioni delle curve, Roma, Juventus, altri campi. Ma qui, a San Siro, non è neanche la curva in discussione. Tornando alle immagini dei gol, preziosi, si ripercorrono le parole del postpartita: stanchezza, irritabilità, resta, va via, sì! rimane. Ibra prende la scena a tutti, a Cambiasso che è il solito, completo ingegnere del campo, alla difesa solida, di roccia, a Luis Figo che si accolla una fatica tremenda, a Javier Zanetti che non ha età. E si rischia, di dimenticare che il presente è quello di una squadra che lotta per il quarto titolo consecutivo, cosa non da poco, passate gli almanacchi del calcio per ricordare quando è successo e a chi, finirete negli anni precedenti il mezzo secolo, e fate un pensiero di tributo a chi sta rendendo possibile questa storia.

Dimenticarsene è quello che vuole il numerosissimo "popolo dei gufi". Il calcio di oggi è come un film, che può anche rivedersi differente stagione dopo stagione, ma alla fine le stagioni sono veri muri di mattoni e fatica che rimangono per sempre. I mattoni sono i giocatori e il cemento è l'allenatore. L'area su cui erigere il muro, quella è la Società.

MUNTARI FREDDEZZA DA BOMBER

Nella galleria dei gol di questa stagione entra
anche questa giocata, semplice ma efficace,
che Sulley Muntari ha regalato per chiudere
il match contro la Lazio. In questo gol c'è tutta
la qualità di Munta. Recupera il pallone
a centrocampo, lo avrà fatto centinaia di volte
nell'arco della stagione, e riparte verso
la porta avversaria, cerca lo scambio con Ibra
che gestisce il pallone. Munta ha un istinto
che lo porta, sempre, a cercare di attaccare
la profondità, e puntare la porta avversaria.
Ibra questo lo sa, intuisce di dover
temporeggiare per fare arrivare il compagno.
Attende, si guarda intorno, infine si fa
attaccare da tre giocatori della Lazio, Brocchi,
Rozenhal e Siviglia. I tre biancocelesti cercano
di strappargli il pallone dai piedi, ma Ibra
è svelto e lo scarica via, un attimo prima
dell'intervento dei laziali e lo mette
in verticale, verso la porta di Muslera dove
nel frattempo è arrivato Munta. Guarda
il portiere e senza toccare prima il pallone
lo anticipa, con un gesto tecnico degno
di un gran bomber, piattone sinistro, portiere
spiazzato e palla in rete. Un gol cercato,
voluto, meritato, come quel regalo di Ibra
che premia la gran corsa e generosità di Sulley,
regalandogli un assist incredibile.

2-2

CHIEVO - INTER

I VETERANI E IL SETTIMO SIGILLO

Stadio Bentegodi di Verona, sono le quindici di una domenica di prove generali d'estate. Prove generali in tutti i sensi: pure prove di campionato finito, anche se non è finito proprio nulla.

Anzi, è tutto da cominciare. Cosa che stanno sottolineando tutti, e per tutti si intendono i protagonisti principali, in primis il presidente Massimo Moratti e mister José Mourinho, cui controbattono titoli che invece vivono improvvisamente di matematica. Tutti Pitagora, addizioni e sottrazioni tengono banco, la domenica finirà con la sfida di San Siro, Milan-Juventus. In campo a Verona vanno veterani e campioni annunciati, palloni d'oro e gente abituata a dirigere il gioco, gente decisiva. In campo si vede un Mourinho senza giacca e un Di Carlo con la giacca. In campo, si vedrà di tutto.

La prima storia nella storia è quella di Hernan Crespo. Hernan è uno di quelli che vorresti sempre avere: è stato ceduto, ha passato il guado dell'altra sponda, ha segnato in una delle squadre migliori di quella Europa, il Chelsea. Con lo stesso mister che ha ora all'Inter, ha fatto dieci gol nel 2005-2006 a Londra in Premier League. Ha avuto in tempi già interisti, ma non sospetti, parole di entusiasmo nei confronti di Mourinho al-

lora oltremanica, è tornato e qui, a Verona, fa gol al terzo minuto dal fischio d'inizio. Ovviamente, non lo fa da solo, tutto è frutto di una manovra perfetta. All'inizio, questo inizio, è l'Inter perfetta.

La seconda storia nella storia è quella del settimo sigillo di Mario Balotelli, il campione annunciato e non ancora conclamato, che zittisce i fischi del Bentegodi, assordanti e astuti, nessun accenno al razzismo, quindi tutto si può fare. Annulla con la rete anche gli atterramenti che subisce senza che nessuno gli renda giustizia. La rete è bellissima, Balotelli non esulta platealmente, ma non è una novità, che poi zittisca quel quaranta per cento di stadio che tifa Chievo, è come minimo una legittima protesta civile. Il sessanta per cento del Bentegodi, per inciso, è nerazzurro. Incredibile, ma vero.

La terza storia sta in Luis Figo. In uno che non ha l'età, ma invece ce l'ha. Uno che è arrivato all'Inter già vagamente oltre, ma ha saputo dare all'Inter tutto quello che poteva promettere, inclusa una stagione passata con Roberto Mancini in cui è a volte entrato a una manciata di secondi dalla fine, senza protestare. Disse, io sono uno "politically correct". Chievo-Inter è una storia di veterani, di un settimo sigillo, e di

una piazza ostica per tradizione. Due reti prese per perizia altrui e per un attimo di disattenzione. Il calcio è questo. Potremmo disegnare altre storie, quella di Cambiasso superlativo come sempre, di Muntari infaticabile, del capitano, uno che non simula mai, che si vede negata la giustizia, della difesa che lotta, di quel gioco intelligente che promette. Ma entreremmo in un mare di cose superflue. L'Inter alle diciassette ha un punto in più e l'attenzione si sposta sul posticipo serale. E qui c'è la beffa, pure Milan e Juventus si porteranno a casa un unico punto, quindi, non cambierà nulla, neanche i titoli del giorno dopo, che annunciano nuovamente che per lo scudetto è fatta.

CHIEVO

Sorrentino, Frey, Morero, Yepes, Mantovani (76' Sardo), Luciano, Rigoni, Marcolini, Bentivoglio (72' Esposito), Pellissier, Bogdani (82' Malagò)

INTER

Julio Cesar, Zanetti, Cordoba, Samuel, Maxwell, Stankovic (77' Jimenez), Cambiasso, Muntari (67' Burdisso), Figo, Crespo (57' Cruz), Balotelli

Arbitro: Andrea De Marco
Reti: 3' Crespo, 27' Marcolini, 65' Balotelli, 73' Luciano

CLASSIFICA

Inter	78
Milan	71
Juventus	67
Fiorentina	64
Genoa	61
Roma	54
Palermo	52
Udinese	51
Cagliari	50
Lazio	47
Atalanta	45
Sampdoria	44
Napoli	43
Siena	43
Catania	40
Chievo	36
Torino	31
Bologna	30
Lecce	29
Reggina	27

IL LAMPO DI MARIO

Mario Balotelli ha scelto questo suo gol, come il più bello realizzato in questa stagione. Ripensandoci a mente fredda, oggi si rammarica, per non aver accompagnato, a un gran gesto tecnico, un'adeguata esultanza. Era nervoso, arrabbiato per le voci dei soliti stupidi sugli spalti e forse anche in campo. L'azione è assolutamente svincolata dal gol che è un lampo, un'intuizione, un gesto tecnico a sé stante. L'azione che porta al gol merita comunque il racconto perché inquadra il modo con cui l'Inter cercava con rapidità e voglia di vincere di scardinare la porta di Sorrentino. Cruz dalla sinistra tocca indietro per Deki, che cerca centralmente l'uno-due con Muntari, che gli rende la sfera con un colpo di petto. Deki di prima lancia in verticale per Cruz, che stava entrando in area, pronto a raccogliere un dolce invito, ma la traiettoria trova la testa di Morero e schizza impazzita in alto, a sinistra, dove casualmente, ma forse è un segno del destino, arriva accanto a Mario. La guarda. Mantovani è fermo davanti a lui, la palla rimbalza in maniera strana. Non è un problema, scende e tocca terra davanti ai suoi piedi, proprio lì, risale e lui calcia forte di collo pieno, con il destro, il suo piede preferito. La palla parte veloce, e scende all'improvviso infilandosi alle spalle di Sorrentino. L'espressione del portiere del Chievo è quella di un uomo sorpreso, non ha capito come, perché, non ha visto, non ha previsto, non ha intuito, i portieri lo devono fare, ma non contro tiri così. È il gol più bello di Mario, il ragazzo che non segna mai gol banali.

I CAMPIONI

CENTRO "A. MORATTI", SABATO 16 MAGGIO 2009, ORE 22.30

MILANO, PIAZZA DUOMO, DOMENICA 17 MAGGIO 2009, ORE 01.45

INTER

Julio Cesar (78' Orlandoni), Zanetti, Cordoba, Samuel, Chivu, Stankovic, Cambiasso, Muntari, Figo (62' Santon), Ibrahimovic, Balotelli (74' Mancini)

SIENA

Curci, Ficagna, Portanova, Brandao, Del Grosso, Vergassola, Codrea (46' Coppola), Galloppa, Kharja (46' Jarolim), Calaiò, Ghezzal

Arbitro: Mauro Bergonzi
Reti: 44' Cambiasso, 53' Balotelli, 76' Ibrahimovic

CLASSIFICA

Inter	81	Atalanta	46
Milan	71	Sampdoria	44
Juventus	68	Napoli	43
Fiorentina	67	Siena	43
Genoa	62	Catania	40
Roma	57	Chievo	37
Palermo	55	Torino	34
Udinese	54	Bologna	33
Cagliari	50	Reggina	30
Lazio	47	Lecce	29

GLI INSUPERATI INSUPERABILI

3-0 INTER - SIENA

Una storia giocata sui numeri, o da giocare con i numeri. Il 17° scudetto dovrebbe arrivare il 17. Maggio, ovviamente. Il che ha qualcosa di incredibile. Il 16 è il compleanno del Presidente, Massimo Moratti. Il 16, l'Inter ha 7 punti di distacco dal Milan, che gioca a Udine. E perde, a Udine, in una sera di ordinario e consueto ritiro ad Appiano Gentile. Alle 22.20 del 16 maggio i punti diventano insuperabili. E i campioni "insuperabili", meravigliosa parola che comprende l'aggettivo abili, quindi bravi, preceduto da super, estremamente rafforzativo, e quel piccolo – in –, a stabilire che "non c'è più storia", ammesso che ci sia mai stata, danno inizio a una notte epica.

Epica, perché di epico c'è anche piazza del Duomo, che in contemporanea con Appiano si anima di prima centinaia e poi migliaia e quindi decine di migliaia di persone. Alle ventidue e trenta di un sabato che doveva essere un tranquillo sabato di ritiro, il popolo nerazzurro manda in onda nella propria storia un film mai visto.

Quello dei Campioni che complice la rete più inutile della storia, a firma Ambrosini, lo diventano senza neanche tirare un calcio al pallone. O meglio, avendone tirati tanti, in questa stagione, di meraviglioso effetto, ma in questa trentaseiesima giornata non avendone tirato ancora nessuno. Trentasei, come gli anni che il Capitano andrà a compiere nell'anno in cui è per la quarta volta consecutiva campione d'Italia, ci scusi l'anticipo, avverrà ad agosto, ma ci piaceva un numero in più. A mezzanotte di questo 16 maggio, quando il fatidico 17 sta per nascere sugli orologi italiani, la squadra ha convinto l'inconvincibile José Mourinho – un mister che per sua stessa ammissione ha piacere di comunicare, ma alla fine decide tutto lui – che la notte è giovane, e "Milano siamo noi". Quindi, decide di farsi un giro in piazza del Duomo. Dove nel frattempo, nessuno sa quantificare le migliaia di persone che si sono riunite. Ventimila? Forse di più. Nel film nerazzurro compaiono gli

slogan, uno su tutti, è quel famoso "zero tituli", stampato su ogni genere di t-shirt già in vendita in piazza. Arriveranno parecchio tempo dopo i bollettini di viabilità che avrebbero segnalato "traffico intenso a causa di flussi vaganti di tifosi in Lombardia e città di Milano", ma i bollettini non si occupano di calcio, ed è già il giorno dopo, quando il pullman con la squadra si affaccia sulla piazza più fantastica che esista. Bella di suo e bella di nerazzurro conquistato. Altro che "Second life" e vite virtuali, questa è vita vera. Alla fine saranno le tre del mattino quando di nuovo ci si troverà in ritiro, a dirla proprio tutta, neanche troppo sobri. Roba, si immagina, da gambe molli e fisico pesante. Il Siena ci spera. In fondo, lo scorso anno c'era riuscito a far rimandare la festa, quasi una rivincita sulla stagione precedente, in cui invece ne era stato teatro. Strana storia, questa di avere il Siena nel destino. Al fischio d'inizio, il rischio è di dimenticare che c'è una partita, San Siro è già in grande fermento, è la giornata dell'anch'io c'ero, tutto esaurito e cori per tutti.

E qui, ci si potrebbe pure fermare. In fondo, si è Campioni d'Italia. Dieci punti sul Milan,

si è degli insuperati insuperabili. Invece no. Viene il sospetto alla prima rete, di Esteban Cambiasso, che farsi un giro in piazza Duomo dopo la mezzanotte faccia bene e che lo champagne non tagli le gambe, o meglio, entrambe le cose causino effetti almeno da decantare il giorno dopo a tutti, ma non agli insuperati e insuperabili. Al secondo gol di Balotelli, il sospetto è una realtà. Alla pervicacia con cui Ibrahimovic cerca – anche con veemenza – e trova la terza rete, la realtà è una certezza. Altra stoffa, altra classe, questa Inter del 2008-2009, guidata da un allenatore che non è secondo a nessuno.

Tre reti formate da tre storie assolutamente diverse fra di loro.

Per un unico trionfo, che nessuno ha regalato, neanche il Milan, questa è una squadra che ha lottato con una determinazione incredibile fin dall'inizio della stagione. Intanto che gli echi dell'euforia nerazzurra non si spengono, il giorno dopo si saprà dell'esonero di Ranieri e delle voci sempre più insistenti di un Ancelotti londinese. Noi ci teniamo José Mourinho, e i problemi li lasciamo agli altri.

L'azione si sviluppa sulla destra, scendono in quattro, insieme, Chivu, Stankovic, Vieira e Muntari, arrivano al centro dove ad attenderli, per creare una diga in mezzo, vi sono altri compagni. Una vera diga, con Santon, Burdisso, Zanetti, Cambiasso, Samuel, Crespo, Jimenez, Figo, più dietro in copertura Materazzi, Ibra, Julio Cesar, Toldo e Orlandoni. È uno schema nuovo, si sta provando per la prima volta, sembra possa funzionare. Sul fronte sinistro si preparano per raccogliere il passaggio altri nerazzurri, Mancini, Mario, Obinna e, fuori posizione, Cordoba. Il volto del mister è teso, concentrato, è vicino ai suoi ragazzi, quasi a stretto contatto con i suoi. Osserva, e con lui tutto il suo staff, e anche il presidente Massimo Moratti, sempre presente nei momenti importanti, e questo lo è. Serve ancora un piccolo sforzo, la

concentrazione deve rimanere alta fino all'ultimo, vale un'intera stagione. Se pensi di aver vinto, prima del fischio finale, rischi la sorpresa amara, meglio rimanere tesi, contratti, senza concedere niente a nessuno. L'arbitro guarda il cronometro, la squadra è schierata, sono tutti lì, davanti al televisore, lato destro, sinistro, diga centrale. Triplice fischio, il Milan, ha perso, incredibile, forse no vista la loro stagione, credibile, ma "chi se ne frega". Siamo Campioni, d'Italia, per la quarta volta consecutiva. La hall del centro Moratti è come un campo di calcio, si urla, si salta, ci si abbraccia, si canta, tutti insieme, s'inizia a festeggiare fino a notte fonda e poi ancora, la sera dopo, 3-0 contro il Siena, perché deve essere festa fino in fondo, e poi ancora festa. Campioni, con merito.

2-1

CAGLIARI - INTER

TROPPO SOLE

CAGLIARI

Marchetti, Pisano, Lopez (82' Astori), Canini, Agostini, Conti, Fini (62' Lazzari), Parola (54' Biondini), Cossu, Jeda, Acquafresca

INTER

Toldo, Santon, Burdisso, Materazzi, Chivu (75' Bolzoni), Cambiasso, Vieira, Zanetti, Jimenez (67' Mancini), Ibrahimovic, Cruz (60' Balotelli)

Arbitro: Gianpaolo Calvarese
Reti: 8' Ibrahimovic, 34' Cossu, 71' Acquafresca

CLASSIFICA

Inter	81
Milan	71
Juventus	71
Fiorentina	68
Genoa	65
Roma	60
Palermo	56
Udinese	55
Cagliari	53
Lazio	50
Atalanta	47
Sampdoria	45
Napoli	43
Catania	43
Siena	43
Chievo	38
Bologna	34
Torino	34
Lecce	30
Reggina	30

L'Italia sta bollendo, penultima di campionato caldissima. Attorno all'Inter, c'è molto che ribolle: la settimana che ha preceduto Cagliari-Inter è stata caratterizzata da una ventata di notizie torride filtrate da Madrid che hanno impazzato.

Ci sono state sincerità messe a dura prova, sirene ammalianti e percentuali dissonanti. E pensare che si è Campioni d'Italia, figurarsi se si fosse ancora lì a giocarselo, il titolo. Campioni dalle due facce, quella più abituata a stare in campo e quella che in campo al Sant'Elia ci scende avendo dato un contributo più parziale, c'è Jimenez, si rivede Julio Cruz, spazio a Vieira, Materazzi dal primo minuto, porta a Toldo. Non perché tanto ormai le cose sono fatte, piuttosto per dare un applauso a tutti, perché tutti hanno avuto un ruolo. Si gioca, ma si è parlato d'altro, e d'altro si parlerà. Buon motivo per non allinearsi, è sempre meglio uscire dal coro e poi qualcuno, non ricordo chi, disse che un "bel tacer non fu mai scritto". Torniamo a Cagliari, dove i Campioni d'Italia sfidano un'ottima squadra. Torniamo sotto il sole di Cagliari, dove Zlatan Ibrahimovic cerca di assestarsi in cima alla classifica dei cannonieri, cosa assolutamente pregevole da vincere, anche se non fondamentale, fondamentale è che all'Inter quest'anno abbiano segnato in tanti. Ibra se la merita. Genialmente spettacolare, non è il migliore del campionato solo perché ha segnato tanto, ma anche perché ha fatto segnare, ha difeso, ha inventato, ha ripreso in mano la squadra dopo l'uscita dalla Champions. Questa ventitreesima rete è un riconoscimento dovuto, anche il Capitano poi lo dirà, l'impegno di tutti è di farlo vincere, e se poi ha un suo carattere, ma questo lo diciamo noi, a volte euforico, a volte collerico, ci sta pure questo. È fatto così.

È genialmente spontaneo in tutto, forse è anche facile da ferire, ma questo lo può dire solo lui. è un polo di attrazione inevitabile per le sirene, ma se non si vuole correre il rischio, non si ha Ibra. L'Inter di Massimo Moratti ha le carte in regola per rischiare e anche per controbattere. È un'Inter che non ha mai avuto paura. Ci stanno un po' meno nel racconto le due reti prese dal Cagliari, belle entrambe, giustificabili almeno dal punto di vista umano della stanchezza, ma ci sarebbe ancora tempo, ce n'è, anzi, a parafrasare quanto detto e scritto in settimana: al 99,9 per cento si è persa la partita, ma rimane

IL TERZO ESORDIO

Ci sono stagioni sfortunate per un calciatore, com'è stata l'ultima per Francesco Bolzoni. Sfortunata perché, in un grande club come l'Inter, la concorrenza è alta, i campioni sono tanti, ma quando potrebbe esserci il tuo momento, devi essere pronto. Santon insegna. Capita anche che, quando potrebbe essere arrivato il tuo momento, un problema fisico ti blocchi. È accaduto a Francesco per due volte, a gennaio, quando forse in Tim Cup poteva esserci l'occasione, com'è arrivata per Davide, e l'altra a fine stagione. In questo caso però, nonostante l'infortunio, che lo avrebbe portato a fine campionato, a doversi sottoporre a un piccolo intervento, José Mourinho ha voluto premiare l'impegno e la serietà di questo ragazzo, da sempre all'Inter, che a soli venti anni ha già otto stagioni in maglia nerazzurra. Mancano due gare alla fine del campionato, lo scudetto è già vinto e, nonostante non stia benissimo, il mister lo convoca per la trasferta. Lo inserisce nei sette della panchina e, quando mancano quindici minuti alla fine della gara, lo butta dentro. Lui ha già debuttato in maglia nerazzurra, in Tim Cup nel 2007, contro la Sampdoria, e anche in Champions League, nella stagione successiva, contro il PSV Eindhoven. In campionato mai, nemmeno un minuto. Mourinho lo sa e gli regala questo debutto, premio per il lavoro svolto, premio per un giovane campione che deve riprendere a correre.

quella percentuale meno che minima per cui la si può vincere. Anzi, è più che minima. Il Supermario dipinto stile diciassette ci mette del suo, ma una questione di poco gli nega la soddisfazione. Non è il solo. Sta di fatto che la partita finisce ed è la quarta sconfitta di questa stagione. Quattro, in un percorso lungo un anno, quattro stagioni, un crepuscolo d'estate, un autunno, un inverno innevato, una primavera. In mezzo, l'annientamento della Roma, prima avversaria annunciata, la rete di Muntari alla Juventus, seconda candidata da killer dell'Inter, quel derby di ritorno col Milan, frutto di un grande gioco, tradizionale: vedere nel Milan l'avversaria con la maiuscola. In mezzo, spezzoni di grande lavoro, allenamenti in campi allagati dalla pioggia e spossati dalla neve, cambiamenti in corsa di moduli e rese, vedi alla voce Adriano, corse in volata e rincorse alla volata.

Emozioni fortissime, nel bene e nel male. Trova la sua chance nell'Inter già campione d'Italia Francesco Bolzoni. Dopo un anno passato con i grandi, a prepararsi con loro, lui che è un piccolo uomo per motivi di età, in realtà sembra anche più grande, dopo altri due debutti, nella stagione passata, in Coppa Italia e in Champions, vive

il suo momento lui che è figlio del Settore Giovanile ed era arrivato a Brunico con Santon e Balotelli, uno che questo giorno se lo ricorderà. Non sarà il solo, a proposito di gente nata nei settori giovanili. E qui facciamo una grande eccezione.

Mettiamo i fari sul Milan. Che stiano liquidando Ancelotti e si tengano Ronaldinho non è il punto, anche se sarebbe un buon tema, sempre per coerenza per quel non voler essere parte del coro. Il fatto è che stanno salutando Paolo Maldini, e siamo talmente abituati a vederlo come un avversario serio, leale, bravissimo, che per la sua ultima volta a San Siro avremmo voluto una scenografia migliore. Perché Maldini, come Zanetti, è una specie protetta, una sorta di panda in via d'estinzione. Sono i fedelissimi, i veri sopravvissuti al calcio che cambia e all'età anagrafica, a prezzo di diete, vita sana, onestà, amore per la famiglia e amore per la maglia. Sempre di amore si parla. Sono quelli che una volta si era abituati ad applaudire. Giacinto Facchetti, un esempio, un faro per tutti loro.

Ci poteva essere un finale migliore, quello dei film più banali, quelli dell'happy end. Uscirà da sconfitto da San Siro, e da ferito. Il calcio, oggi, è anche questo.

4-3

INTER - ATALANTA

LIETO FINE

Questa potrebbe essere la cronaca di un'amichevole, tanto è una partita inutile, Inter-Atalanta, tutto è già fatto. Invece sarà una partita incredibile, in cui Zlatan Ibrahimovic cercherà di segnare per vincere la sua personale classifica da capocannoniere, ma anche di far segnare, e gli altri cercheranno di farlo segnare, per farlo vincere, ma segneranno anche loro, una partita in cui vincere è superfluo, ma sembra necessario. Sarà una partita da sei a tre, ma la rete più spettacolare di Sulley Ali Muntari, in tutta la sua carriera, viene annullata, e viene annullata anche una rete a Hernan Crespo, probabilmente, al momento del saluto a San Siro, quella cui lui avrebbe tenuto di più.

Il primo ad andare in rete è proprio Muntari, è come se nel suo destino nerazzurro ci fosse la zampata giusta per mettere le cose a posto quando c'è bisogno. E lì, San Siro ci crede. All'affondo dell'Atalanta, che non deve essere stata una protagonista per caso della debacle che ha chiuso il girone d'andata, non pensa che sia definitivo. Infatti si replica. L'Atalanta non ha fatto i conti con Ibra. E comunque vadano le cose, Ibra resterà Ibra. E così, in Italia, lui è il migliore. Ma si sapeva anche se non ci fosse stata, questa rete. L'ultimo straniero con la sua stessa maglia a vincere questa classifica era stato Valentin Angelillo, esattamente cinquant'anni fa. La storia del calcio premia quello che si è fatto in campo, che a sua volta

è lo specchio di quello che si fa in allenamento. Gente ricca, i calciatori, fortunati, al tempo stesso strappati dall'adolescenza, adolescenti diventati il sogno di molti, quasi di tutti, prendine uno sugli altri, Luis Figo, quanto ha vinto, si fa fatica a ricordarlo.

Da noi, otto titoli, anzi, titoli, in italiano si dice così. Sta uscendo dal campo di San Siro. Esce, ed è l'ultima volta, una volta intelligente, prima che l'orologio della vita scandisca tempi inopportuni, uno che sopravviverà alle sirene americane o arabe, magari per farci capire che i campioni non hanno prezzo, uno che dice basta, ma dicendolo, non sa resistere all'abbraccio dei compagni, tutti insieme a bloccare quella fine di un primo tempo da vincere, a perdersi nelle memorie, a tributare un omaggio, compagni e San Siro insieme. Questa è una partita di lacrime e di gioia. Questa, è una partita indimenticabile.

Questa partita è una storia di vita, anzi di molte vite. È la rete di Esteban Cambiasso, che nella notte in cui, il giorno dopo, era stato il migliore in campo in Inter Juventus, ha avuto una figlia, l'ha chiamata Vitoria, ma perché gli piaceva il nome. Per cui non aveva neanche dormito. La porterà in trionfo con lui. Questa partita, vedrà, dopo sfilare in campo Nicolas Burdisso con Angiolina, la figlia che il destino gli voleva sottrarre. Bellissima, grande, sana. Ce la ricordiamo, questa storia. È stata una

partita di gente proiettata nel futuro, come Santon e Balotelli, e di campioni ancorati al presente, Zanetti e Cordoba. José Mourinho chiude felicemente la sua prima stagione sulla panchina nerazzurra e sfila verso il centrocampo senza dimenticare nessuno di quelli che per un anno l'hanno aiutato a conquistare il diciassettesimo scudetto.

INTER

Julio Cesar, Zanetti, Cordoba, Samuel, Chivu (64' Maicon), Stankovic (64' Crespo), Cambiasso, Muntari, Figo (88' Santon), Ibrahimovic, Balotelli

ATALANTA

Consigli (46' Coppola), Garics, Talamonti, Manfredini, Bellini, Defendi (70' Cerci), Cigarini, Guarente, Padoin, Doni, Plasmati

Arbitro: Gianluca Rocchi
Reti: 6' Muntari, 10' e 53' Doni, 12' e 81' Ibrahimovic, 25' Cigarini, 80' Cambiasso

CLASSIFICA

Inter	84	Atalanta	47
Juventus	74	Napoli	46
Milan	74	Sampdoria	46
Fiorentina	68	Siena	44
Genoa	68	Catania	43
Roma	63	Chievo	38
Udinese	58	Bologna	37
Palermo	57	Torino	34
Cagliari	53	Reggina	31
Lazio	50	Lecce	30

IL RE DEI BOMBER

Obiettivi dichiarati alla vigilia due. Vincere, per congedarsi dai propri tifosi con un successo, e aiutare Zlatan a diventare il re dei gol della serie A. Obiettivi centrati entrambi, prima della consegna ufficiale da parte dei dirigenti della Lega Calcio dello scudetto. Tutti cercano Ibra, ogni azione, ogni cross, non tende a fare gol, come accade solitamente, tende a mettere "il genio" in grado di poterci provare. Lancio di Cambiasso con il telecomando, Ibra va e segna il primo gol. La gara è divertente, ci sono tanti gol, dell'Atalanta, e anche dell'Inter. Muntari e Cambiasso che faranno poker stagionale. L'apoteosi arriva verso la fine della gara. Due obiettivi, vincere la partita e incoronare re Ibra. Siamo sul 3-3, mancano 9 minuti alla fine. Recuperata la palla nella trequarti interista è lanciato Crespo che parte veloce e, con un tunnel a un bergamasco, guadagna il campo che serve per poter lanciare dalla destra in profondità per Zlatan. Garics e Talamonti lo contrastano, Ibra corre in mezzo ai due, serve forza fisica, lui è in vantaggio. Un rimpallo, il pallone come la pallina di un flipper sbatte prima contro Garics, poi contro Talamonti e rimane lì, con Ibra che, spalle alla porta, inventa un colpo di tacco, forte, dritto, preciso, vincente. È il gol che vale la corona stagionale, record personale, 25 perle in una stagione trionfale.

Caro Luis,
abbiamo sempre creduto che uno come te giocasse fino al 2100, anche quando Roberto Mancini ti usava come cuscinetto per sostituire qualcuno negli ultimi cinque minuti. Dev'essere quel tuo palmarès, che stenderebbe chiunque, dev'essere che quando hai vestito per la prima volta la maglia dell'Inter ti davano quasi per uno arrivato al capolinea e tu hai giocato con assoluta e semplice classe, smentendoli senza farlo pesare.

Hai saputo parlare anche standotene in silenzio, il 4 novembre prossimo fai trentasette anni, e va bene che sei un grande atleta, ma sembra che tu funzioni anche da repellente per le cellule di materia grassa, anche solo per un banale rilassamento, anche minimo, muscolare. Sarà che il Mister ti ha rimesso in gioco e non hai mai avuto un attimo di esitazione, hai sopperito con la professionalità e l'esperienza se la velocità veniva a mancare, e poi, in fondo, non manca neanche quella. Sarà per come hai baciato la maglia nel giorno del diciassettesimo scudetto, in quello stesso stadio che ti chiedeva di non lasciarlo mai, anni prima, alla soglia di un rinnovo di contratto con sirene arabe incluse nelle offerte. Sarà perché non avevi avuto peli sulla lingua a dire che la triade se n'era andata dall'arbitro, quel giorno. Certo, era nell'aria, che tu pensassi al ritiro, ma saperlo è come vedersi una profonda ruga in più nello specchio. Si può sempre usare un filler per riempirla, ma non ci sono filler per Luis Figo. Con tantissimi auguri di un nuovo inizio. I calciatori, quando sono intelligenti, hanno questo di buono. Possono inventarsi due vite. Trattandosi di Luis Figo, magari anche tre.

IL FIGO

STAGIONE	GIORNATA	DATA	COMPETIZIONE	PARTITA	RISULTATO	MARCATORI
2007/08	fin	19-08-2007	SL	Inter - Roma	0-1	79' De Rossi
2007/08	1	26-08-2007	C	Inter - Udinese	1-1	9' Stankovic, 93' Cordoba (A)
2007/08	2	01-09-2007	C	Empoli - Inter	0-2	14' e 85' Ibrahimovic
2007/08	3	16-09-2007	C	Inter - Catania	2-0	14' Crespo, 80' Cesar
2007/08	-	19-09-2007	CL	Fenerbahce - Inter	1-0	43' Deivid
2007/08	4	23-09-2007	C	Livorno - Inter	2-2	1' De Vezze, 64' Loviso, 35' e 74' (R) Ibrahimovic
2007/08	5	26-09-2007	C	Inter - Sampdoria	3-0	23' e 50' Ibrahimovic, 59' Figo
2007/08	6	29-09-2007	C	Roma - Inter	1-4	29' Ibrahimovic (R), 54' Perrotta, 58' Crespo, 61' Cruz, 69' Cordoba
2007/08	-	02-10-2007	CL	Inter - PSV Eindhoven	2-0	15' (R) e 31' Ibrahimovic
2007/08	7	06-10-2007	C	Inter - Napoli	2-1	20' e 36' Cruz, 84' Sosa
2007/08	8	20-10-2007	C	Reggina - Inter	0-1	18' Adriano
2007/08	-	23-10-2007	CL	CSKA Mosca - Inter	1-2	32' Jo, 55' Crespo, 83' Samuel
2007/08	9	28-10-2007	C	Palermo - Inter	0-0	
2007/08	10	31-10-2007	C	Inter - Genoa	4-1	8' Cordoba, 50' Cambiasso, 73' Konko, 74' Suazo, 88' Cruz (R)
2007/08	11	04-11-2007	C	Juventus - Inter	1-1	41' Cruz, 76' Camoranesi
2007/08	-	07-11-2007	CL	Inter - CSKA Mosca	4-2	23' Jo, 31' Vagner Love, 34' e 68' Cambiasso, 32' e 76' Ibrahimovic
2007/08	13	24-11-2007	C	Inter - Atalanta	2-1	11' Suazo, 30' Cruz, 39' Floccari
2007/08	-	27-11-2007	CL	Inter - Fenerbahce	3-0	57' Cruz, 68' Ibrahimovic, 94' Jimenez
2007/08	14	02-12-2007	C	Fiorentina - Inter	0-2	10' Jimenez, 45' Cruz
2007/08	12	05-12-2007	C	Inter - Lazio	3-0	22' Ibrahimovic (R), 33' Maicon, 55' Suazo
2007/08	15	09-12-2007	C	Inter - Torino	4-0	38' Ibrahimovic (R), 50' Cruz, 52' Jimenez, 76' Cordoba
2007/08	-	12-12-2007	CL	PSV Eindhoven - Inter	0-1	65' Cruz
2007/08	16	16-12-2007	C	Cagliari - Inter	0-2	58' Cruz, 80' Suazo
2007/08	8i and	19-12-2007	CI	Reggina - Inter	1-4	14' Crespo, 29' Balotelli, 51' Pettinari, 63' Solari, 87' Balotelli
2007/08	17	23-12-2007	C	Inter - Milan	2-1	18' Pirlo, 36' Cruz, 64' Cambiasso
2007/08	18	13-01-2008	C	Siena - Inter	2-3	26' (R) e 53' Ibrahimovic, 46' Cambiasso, 31' Maccarone, 92' Forestieri
2007/08	8i rit	17-01-2008	CI	Inter - Reggina	3-0	33' Crespo, 45' Cascione, 91' Cesar
2007/08	19	20-01-2008	C	Inter - Parma	3-2	30' Cambiasso, 72' Gasbarroni, 40' Cigarini, 91' e 96' (R) Ibrahimovic
2007/08	4i and	23-01-2008	CI	Inter - Juventus	2-2	54' e 75' Cruz, 80' Del Piero, 86' Boumsong
2007/08	20	27-01-2008	C	Udinese - Inter	0-0	
2007/08	4i rit	30-01-2008	CI	Juventus - Inter	2-3	10' e 57' Balotelli, 14' Del Piero, 31' Iaquinta, 39' Cruz
2007/08	21	03-02-2008	C	Inter - Empoli	1-0	34' Ibrahimovic
2007/08	22	10-02-2008	C	Catania - Inter	0-2	67' Cambiasso, 69' Suazo
2007/08	23	16-02-2008	C	Inter - Livorno	2-0	14' e 18' Suazo
2007/08	8i and	19-02-2008	CL	Liverpool - Inter	2-0	86' Kuyt, 91' Gerrard
2007/08	24	24-02-2008	C	Sampdoria - Inter	1-1	66' Cassano, 77' Crespo
2007/08	25	27-02-2008	C	Inter - Roma	1-1	38' Totti, 88' J. Zanetti
2007/08	26	02-03-2008	C	Napoli - Inter	1-0	3' Zalayeta
2007/08	27	08-03-2008	C	Inter - Reggina	2-0	14' Ibrahimovic (R), 34' Burdisso
2007/08	8i rit	11-03-2008	CL	Inter - Liverpool	0-1	65' Fernando Torres
2007/08	28	16-03-2008	C	Inter - Palermo	2-1	5' Vieira, 26' Materazzi (A), 35' Jimenez
2007/08	29	19-03-2008	C	Genoa - Inter	1-1	11' Suazo, 87' Borriello
2007/08	30	22-03-2008	C	Inter - Juventus	1-2	50' Camoranesi, 64' Trezeguet, 84' Maniche
2007/08	31	29-03-2008	C	Lazio - Inter	1-1	11' Crespo, 59' Rocchi
2007/08	32	06-04-2008	C	Atalanta - Inter	0-2	21' Vieira, 74' Balotelli
2007/08	33	13-04-2008	C	Inter - Fiorentina	2-0	57' Cambiasso, 64' Balotelli
2007/08	sem and	16-04-2008	CI	Inter - Lazio	0-0	
2007/08	34	20-04-2008	C	Torino - Inter	0-1	30' Cruz
2007/08	35	27-04-2008	C	Inter - Cagliari	2-1	22' Cruz, 82' Materazzi, 91' Biondini
2007/08	36	04-05-2008	C	Milan - Inter	2-1	53' Inzaghi, 58' Kakà, 78' Cruz
2007/08	sem rit	07-05-2008	CI	Lazio - Inter	0-2	53' Pelé, 86' Cruz
2007/08	37	11-05-2008	C	Inter - Siena	2-2	11' Vieira, 30' Maccarone, 45' Balotelli, 71' Kharja
2007/08	38	18-05-2008	C	Parma - Inter	0-2	63' e 80' Ibrahimovic
2007/08	fin	24-05-2008	CI	Roma - Inter	2-1	36' Mexes, 55' Perrotta, 61' Pelé
2008/09	fin	24-08-2008	SL	Inter - Roma	8-7 dcr (2-2)	18' Muntari, 57' De Rossi, 84' Balotelli, 92' Vucinic
2008/09	1	30-08-2008	C	Sampdoria - Inter	1-1	33' Ibrahimovic, 68' Delvecchio
2008/09	2	13-09-2008	C	Inter - Catania	2-1	42' Plasmati, 43' Quaresma, 48' Terlizzi (A)
2008/09	-	16-09-2008	CL	Panathinaikos - Inter	0-2	27' Faioli a. 'Mancini', 86' Adriano
2008/09	3	21-09-2008	C	Torino - Inter	1-3	24' Mancini, 26' Maicon, 76' Abbruscato, 51' Ibrahimovic
2008/09	4	24-09-2008	C	Inter - Lecce	1-0	79' Cruz
2008/09	5	28-09-2008	C	Milan - Inter	1-0	36' Ronaldinho
2008/09	-	01-10-2008	CL	Inter - Werder Brema	1-1	14' Maicon, 63' Pizarro
2008/09	6	04-10-2008	SL	Inter - Bologna	2-1	25' Ibrahimovic, 50' Adriano (R), 56' Moras
2008/09	7	19-10-2008	C	Roma - Inter	0-4	6' e 48' Ibrahimovic, 54' Stankovic, 56' Obinna
2008/09	-	22-10-2008	CL	Inter - Anorthosis	1-0	44' Adriano
2008/09	8	26-10-2008	C	Inter - Genoa	0-0	
2008/09	9	29-10-2008	C	Fiorentina - Inter	0-0	

STAGIONE	GIORNATA	DATA	COMPETIZIONE	PARTITA	RISULTATO	MARCATORI
2008/09	10	01-11-2008	C	Reggina - Inter	2-3	9' Maicon, 24' Vieira, 34' Cozza, 53' Brienza , 91' Cordoba
2008/09	-	04-11-2008	CL	Anorthosis - Inter	3-3	13' Balotelli, 31' Bardon, 44' Materazzi, 46' Panagi, 53' Frousos, 83' Cruz
2008/09	11	09-11-2008	C	Inter - Udinese	1-0	91' Cruz
2008/09	12	15-11-2008	C	Palermo - Inter	0-2	46' e 62' Ibrahimovic
2008/09	13	22-11-2008	C	Inter - Juventus	1-0	72' Muntari
2008/09	-	26-11-2008	CL	Inter - Panathinaikos	0-1	69' Sarriegi
2008/09	14	30-11-2008	C	Inter - Napoli	2-1	16' Cordoba, 25' Muntari, 36' Lavezzi
2008/09	15	06-12-2008	C	Lazio - Inter	0-3	2' Samuel, 48' Diakité, 55' Ibrahimovic
2008/09	-	09-12-2008	CL	Werder Brema - Inter	2-1	65' Pizarro, 83' Rosenberg, 89' Ibrahimovic
2008/09	16	14-12-2008	C	Inter - Chievo	4-2	4' Maxwell, 47' Stankovic, 51' Pellissier, 65' Bentivoglio, 79' e 88' Ibrahimovic
2008/09	17	20-12-2008	C	Siena - Inter	1-2	34' e 83' Maicon, 44' Kharja
2008/09	18	10-01-2009	C	Inter - Cagliari	1-1	65' Acquafresca, 76' Ibrahimovic
2008/09	8i and	13-01-2009		Inter - Genoa	3-1 dts (1-1)	76' Adriano, 81' Rossi, 105' Cambiasso, 109' Ibrahimovic
2008/09	19	18-01-2009	C	Atalanta - Inter	3-1	18' Floccari, 28' e 33' Doni, 92' Ibrahimovic
2008/09	4i and	21-01-2009	CI	Inter - Roma	2-1	10' Adriano, 62' Taddei, 64' Ibrahimovic
2008/09	20	25-01-2009	C	Inter - Sampdoria	1-0	47' Adriano
2008/09	21	28-01-2009	C	Catania - Inter	0-2	5' Stankovic, 71' Ibrahimovic
2008/09	22	01-02-2009	C	Inter - Torino	1-1	47' Bianchi, 58' Burdisso
2008/09	23	07-02-2009	C	Lecce - Inter	0-3	12' Ibrahimovic, 72' Figo, 82' Stankovic
2008/09	24	15-02-2009	C	Inter - Milan	2-1	29' Adriano, 43' Stankovic, 71' Pato
2008/09	25	21-02-2009	C	Bologna - Inter	1-2	57' Cambiasso, 79' Britos, 82' Balotelli
2008/09	8i and	24-02-2009	CL	Inter - Manchester Utd	0-0	
2008/09	26	01-03-2009	C	Inter - Roma	3-3	23' De Rossi, 29' Riise, 50' e 63' Balotelli, 57' Brighi, 79' Crespo
2008/09	sem and	04-03-2009	CI	Sampdoria - Inter	3-0	9' Cassano, 30' Pazzini, 42' Pazzini
2008/09	27	07-03-2009	C	Genoa - Inter	0-2	2' Ibrahimovic, 60' Balotelli
2008/09	8i rit	11-03-2009	CL	Manchester Utd - Inter	2-0	4' Vidic, 49' Ronaldo
2008/09	28	15-03-2009	C	Inter - Fiorentina	2-0	10' e 95' Ibrahimovic
2008/09	29	22-03-2009	C	Inter - Reggina	3-0	6' Cambiasso, 10' (R) e 58' Ibrahimovic
2008/09	30	05-04-2009	C	Udinese - Inter	0-1	77' Isla (A)
2008/09	31	11-04-2009	C	Inter - Palermo	2-2	15' Balotelli, 38' Ibrahimovic, 73' Cavani, 76' Succi
2008/09	32	18-04-2009	C	Juventus - Inter	1-1	64' Balotelli, 91' Grygera
2008/09	sem rit	23-04-2009	CI	Inter - Sampdoria	1-0	28' Ibrahimovic
2008/09	33	26-04-2009	C	Napoli - Inter	1-0	73' Zalayeta
2008/09	34	02-05-2009	C	Inter - Lazio	2-0	58' Ibrahimovic, 70' Muntari
2008/09	35	10-05-2009	C	Chievo - Inter	2-2	3' Crespo, 27' Marcolini, 65' Balotelli, 73' Luciano
2008/09	36	17-05-2009	C	Inter - Siena	3-0	44' Cambiasso, 53' Balotelli, 76' Ibrahimovic
2008/09	37	24-05-2009	C	Cagliari - Inter	2-1	8' Ibrahimovic, 34' Cossu, 71' Acquafresca
2008/09	38	31-05-2009	C	Inter - Atalanta	4-3	6' Muntari, 10' e 53' Doni, 12' e 81' Ibrahimovic, 25' Cigarini, 80' Cambiasso

C = Campionato
CC = Coppa delle Coppe
CEC = Coppa Europa Centrale
CF = Coppa delle Fiere
CH = Coppa dei Campioni / Champions League
CI = Coppa Italia
CIN = Coppa Intercontinentale
CU = Coppa UEFA
PCH = Preliminari di Champions
SL = Supercoppa di Lega
SU = Spareggio Uefa

Fonte: www.inter.it

INTER

A.S. Inter Club Cesa "A. Lepre " • A.T.M. S.p.A. Molise • Abano Terme • Abbiategrasso "Campioni" • Abbiategrasso Nerazzurra • Acerno "Il Capitano" • Aci Castello • Acquaseria • Acquaviva Delle Fonti "S. Mazzola" • Acri "Angelo Moratti" • Adelfia "M. Moratti" • Adelfia Nerazzurra • Agnone • Agordino "G. Facchetti" • Agrate Brianza • Agropoli "W. Zenga" • Ala di Trento "Saverio Libera" • Alassio • Alba Adriatica • Albano Sant'Alessandro • Albenga • Albissole • Alcamo • Alessandria • Alezio • Alghero • Aliano • Alliste • Alta Badia • Altamura • Altavilla "G. Facchetti" • Altino • Alto Vicentino • Altopiano Nerazzurro (Asiago, Vi) • Amantea • Ambrosiana (Milano) • Amici dell'Inter (Jesi, An)) • Ancona • Andora • Andria • Anzola • Apice • Appiano Gentile "S. Mazzola" • Aprica • Arcola • Arezzo • Ariano Irpino "Nicola Sicuriello" • Arona • Arpaia "J. Zanetti" • Arpino • Arzignano • Asola • Assolombarda (Milano) • Atella • Atene (Grecia) • Atessa • Atripalda • Augusta • Aulla - Lunigiana Aulla • Azzano Decimo • Bagnara Calabra • Banca Popolare di Milano • Banda Bagaj (Milano) • Bar Sapienza (Cologno Monzese, Mi) • Barbagia Nerazzurra (Ovodda, Nu) • Barcelona (Spagna) • Bari • Barisardo • Barletta • Barnabar (Malgrate, Lc) • Baschi Giacinto Facchetti • Basilea (Svizzera) • Basso Vicentino (San Germano dei Berici, Vi) • Bastia Umbra "Non Mollare Mai" • Bedizzole • Bellante "Marco Materazzi" • Belluno "P. Prisco" • Bellusco • Belpasso • Belvedere Marittimo • Benevento • Berbenno • Bereguardo • Bernalda • Besozzo • Biassono • Biella • Bienne • Bientina • Bisceglie • Bisignano "Giacinto Facchetti" • Bitonto • Bitritto Adriano • Bnl (Roma) • Bocchigliero "P. Prisco" • Bologna 1984 • Bologna Nerazzurra • Bolzano • Bondone • Bordighera • Bormio • Bosa "Massimo Moratti" • Boston (USA) • Botticino • Bova Marina "Leonello d'Ascola" • Bovegno • Bovisio Masciago • Brescia 1908-2008 • Brescia Nerazzurra • Bressana Casatisma • Bressanone • Bresso • Brianza 85 - Renate • Bribano "Esteban Cambiasso" • Brienza • Brignano • Brindisi "J. Zanetti" • Brivio • Bruges (Belgio) • Buccheri • Buddusò • Busca • Buscate Robecchetto • Bussero • Busto Garolfo • Cagliari • Caldiero "M. Corso" • Caldogno • Calolziocorte • Caltanissetta "R. Ferri" • Cameri • Camerino • Cammarata • Campi Salentina "M. Moratti" • Campli • Campobasso • Campobello • Campodarsego (ex Sant'Andrea) • Camuno • Canavese (Rivarolo Canavese, To) • Canizzano di Treviso • Canneto • Caorle • Capiago • Capodrise • Caponago • Capurso • Caravaggio • Carmignano di Brenta • Carsoli "Moratti" • Carugate "Il Biscione" • Casalasco • Casalbordino "S. Mazzola" • Casalguidi • Casaluce "G. Felago" • Casalvieri • Casarsa • Casciana Terme • Caselle Landi • Casentino (Bibbiena, Ar) • Casirate • Caslino d'Erba • Casorate Primo • Casoria "Raffaele Cristiano" • Cassano d'Adda "G. Bergomi" • Cassano Murge • Cassino "J. Zanetti" • Castel d'Ario • Castel dell'Aquila • Castelfidardo • Castelfiorentino "M. Moratti" • Castelforte • Castelfranco Veneto • Castellammare di Stabia • Castellana Grotte "W. Zenga" • Castelleone • Castelmezzano • Castelvetrano • Castiglione d'Adda • Castiglione Olona • Castrignano de' Greci • Castro "W. Zenga" • Castrovillari "R. Boninsegna" • Catanzaro centro • Catanzaro lido • Cattolica • Cava de' Tirreni • Cavallino Rosso • Cavallino Tre Porti • Cavarzere • Ceccano "S. Mazzola" • Cechia Nerazzurra (Kutna Hora, Repubblica Ceca) • Ceggia • "Cent'anni" Rovellasca • Centallo Fossano • Centro Lario (Varenna, Lc) • Ceresio Porlezza • Cermenate • Cernusco sul Naviglio • Cerreto Sannita "G. Bergomi" • Cervarezza "La tavernetta" • Cervignano del Friuli • Cesana Brianza • Cesano Nerazzurra • Cesenatico • Charleroi (Montigni Le Tilleul, Belgio) • Cherasco • Chiari • Chieti 2000 • Cina Nerazzurra (Wenzhou, Zhejiang) • Cingoli • Cipressa "P. Prisco" • Cislago • Città della Pieve • Città di Acerra • Città di Arco • Cittanova "G. Facchetti" • Cividale del Friuli • Civitanova Marche "Dragoni" • Civitavecchia • Civitella Roveto • Clusone • Codroipo • Cogliate • Colle Brianza • Collevecchio • Como • Comunanza • Conegliano Veneto • Cordenons • Corigliano Calabro "Massimo Moratti" • Corleone • Cornaredo • Cornuda • Corridonia • Corsico Nerazzurra • Cortina Nerazzurra • Cosenza "Massimo Moratti" • Costa di Mezzate Lion • Costa Valle Imagna • Costamasnaga • Crema "Riccardo Ferri" • Cremona "A. Moratti" • Crotone "Massimo Moratti" • Cuneo • Cuore Nerazzurro (Sondalo, So) • Cupello "E. Pellegrini" • Curno • Custonaci "B. Bergomi" • Copenhagen (Danimarca) • Davoli "Massimo Moratti" • Decollatura "Del Reventino" • Degli Esculapi (Milano) • Dei Ceck (Acivo, So) • Del Baldo (Caprino Veronese, Vr) • Del Garda "R. Scarpini" (Pescantina, Vr) • Della Langa (Narzole, Cn) • Della Pace (Villanova del Sillaro, Lo) • Desenzano • Dietikon (Preit Spreitenbach, Svizzera) • Dk5 (Milano) • Dna Solaro • Doglio • Dolo "Riviera Nerrazzurra" • Donoratico "M. Moratti" • Dorgali • Dubai • Dubino • Eboli "Massimo Cerullo" • El Sorvegliant (Milano) • Episcopia • Erba • Faenza • Fagagna • Fano "G. Facchetti" • Fara Gera d'Adda • Fara San Martino • Fasano "G. Facchetti" • Fassa e Fiemme (Pozza di Fassa, Tn) • "Fedeltà Nerazzurra" Perugia • Fellbach (Germania) • Fener "M. Moratti" • Fermignano • Ferrandina • Ferrara • Ferriere • Fiesso Umbertiano • Figliaro Nerazzurra • Filottrano • Firenze • Firmo • Fiume Croazia (Croazia) • Fiume Veneto • Foligno 96 • Follo • Follonica • Fontanafredda • Foria di Centola • Forlì • Forte dei Marmi • Francavilla Fontana • Francavilla sul Sinni • Fribourg (Svizzera) • Frosinone • Fucecchio • Furci • Fuscaldo "G. Facchetti" • Gaeta • Galatone • Gallarate • Galleria • Galliate • Gallipoli "E. Pellegrini" • Gambolò • Garbagnate • Garden's Nerazzurro (Bagnolo Cremasco, Cr) • Garfagnana (Pieve Fosciana, Lu) • Garlasco • Gavardo • Gemona del Friuli • Genk 94 (ex Diepenbech, Genk, Belgio) • Genova • Genzano di Lucania • Ghilarza "Nino 28" • Ginosa "P. Prisco" • Gioia del Colle • Gioia Tauro "Massimo Moratti" • Giubiasco • Giugliano Nerazzurra • Giulianova • Gizzeria "P. Prisco" • Gne Gnè (Milano) • Goito • Gorfigliano • Gradisca • Gravina "G. Facchetti" • "Grifone Nerazzurro" Grosseto • Gropello Cairoli • Grottaferrata • Grottaminarda "J. Zanetti" • Grottammare • Gruppo Velenosi (Campofilone, Ap) • Gualdo Tadino • Gubbio Nerazzurra • Guidizzolo • Guidonia "R. Scarpini" • Guspini "Franco Tocco-Antonio Tolu" • "Highlander Nerazzurri" Cavarzere • Holland (Noordwijk, Olanda) • Honduras (Tegucigalpa, Honduras) • Houthalen Helchteren "P. Prisco" (Belgio) • I bauscia e le monelle (Busto Arsizio, Va) • I due fenomeni (Prato) • I leoni di Lonigo (Lonigo, Vi) • I Templari (Milano) • Il capitano di Sirone (Sirone, Lc) • Il Clubino (Milano) • Imbersago • Imola • Inter Catartica (Cella di Varzi, Pv) • Inter Club Felitto "M. Moratti" • Inter Five Vigevano • Inter Medica (Milano) • Interbaronia Club "L. Matthaus" (Vallesaccarda, Av) • Intermania (Montemurlo, Po) • Irish Nerazzurri (Waterford, Eire) • Ischia "Massimo Moratti " • Isernia Nerazzurra • Isola di Capri • Ispica • Ittiri • Jesi • Jesolo • Kayunga (Kampala, Uganda) • La Maddalena • La Spezia • Lachen (Svizzera) • Laives • Lamon • Lanciano • Larino • Latisana • Latronico "G. Facchetti" • Lauria • Lauriano • Lauropoli "C.V. Genovese" • Lauzacco • Lavis • Le Signe • Leaders Milano • Lecco "G. Rusconi" • Legnano • Lentate • Leonforte • Leoni Nerazzurri di Porto San Giorgio • Lesignano – Noceto • Lettomanoppello • Liegi "A. Altobelli" (Grace, Olanda) • Limone sul Garda • Lissone • Livigno • Livorno • Locarno • Locate Triulzi "Bar 80" • Locorotondo "G. Facchetti" • Locri "G. Facchetti" • Lodi Nerazzurra • Lomagna • Lomazzo • Lonato • London (Wimbledon, Gran Bretagna) • Longiano (ex Pascoli) • Losanna (Svizzera) • Lucca • Lucerna (Svizzera) • Lugano "Mazzola" (Svizzera) • Lugo di Romagna • Luino • Lumezzane • Lungro "G. Bergomi" • Luogosanto • Lussemburgo (Mamer, Lussemburgo) • Macerata • Madunina (Milano) • Magenta Nerazzurra "K. Rumenigge" • Majano • Malnate • Malo Nerazzurra • Malta (Santa Venere, Malta) • Manocalzati • Mantova • Marcon • Marconia • Mariano Comense • Marina di Gioiosa Jonica "Giacinto Facchetti" • Marostica • Marotta "Adriatico" • Marsicano • Martina Franca "M. Moratti" • Martinengo-Ghisalba • Massa Alpi Apuane • Matera • Matuzia • Meda Nerazzurra • Meldola • Melegnano • Melissano • Melzo "La fede siamo noi" • Mendrisiotto Na (Mendrisio, Svizzera) • Menfi • Merano • Mesagne "S. Mazzola" • Mestre • Miami (Miami Beach, USA) • Milano Centro • Milano Interista • Mineo "P. Prisco" • Minturno • Mirandola "G. Facchetti" • Mirano

CLUB

Nerazzurra • Missagliola • Modena • Modugno Nerazzurra • Mogliano Veneto • Molfetta • Moliterno "Giacinto Facchetti" • Moltrasio 1963 • Mondragone • Monopoli • Montalto Uffugo "T. Palumbo" • Monte Argentario • Monte San Giovanni Campano • Monte San Pietrangeli • Monte Urano • Montebelluna ex Caerano San Marco Amici di • Montefeltro • Montefiascone • Montefiorino "W. Zenga" • Montegranaro • Monteiasi • Montella "G. Facchetti" • Montenero di Bisaccia • Montepagano • Monteroni "S. Mazzola" • Montescaglioso "A. & M. Moratti" • Montevecchia • Monticelli • Montorio al Vomano • Montorio Verona • Montreal (Laval, Quebec, Canada) • Monza 1 • Monzambano • Morbegno • Morrovalle • Motta "S. Anastasia" • Mottola • Mozzate • Muggia • Mulhouse "G. Baresi" (Issenheim, Francia) • Muratidentro (Carnate, Mi) • Nairobi (Kenya) • Napoli "Dal Vesuvio con amore" • Nardò • Natisone • Nembro • Nerazzurri 2009 (Cura Carpignano, Pv) • Nerazzurri Cinesi (Beijing, Cina) • Nerazzurri Svedesi (Goteborg, Svezia) • Nervesa • Neuchatel (Svizzera) • Neuenhof (Svizzera) • New Jersey (Clark NJ, USA) • New York "M. Moratti (Middle Village, NYC, USA) • Nicolosi • Niscemi "N. Berti" • Nissoria • Noale • Nocciano • Nocera Terinese "F. Larussa" • Nocera Umbra "Simone Mancinelli" • Noci • Nogara • Noicattaro • Nola Nerazzurra • Novara Nerazzurra • Novate Milanese • Novi Ligure • Nuoro • Nyon (Svizzera) • Oderzo • Offida • Oggiona Santo Stefano • Olbia • Olmi "M. Migliori" • Omegna • Opera • Oppido • Orbassano Rivalta • Orgnano 2009 • Orgoglio Bauscia (Milano) • Oriago • Origgio Nerazzurra • Oristano "Marco Materazzi" • Orobico (Bonate Sotto, Bg) • Orosei • Ortona "M. Moratti" • Ortucchio • Orzinuovi • Osaka (Giappone) • Ospedale "San Carlo Borromeo" (Milano) • Ospedale "San Raffaele" (Brugherio, Mi) • Ospitaletto • Ostiano • Ostiglia • Otricoli • Ottaviano " Massimo Moratti • Ottawa (Ontario, Canada) • Ovunque (Milano) • Ozieri • Paderno d'Adda • Padova Nerazzurra • Pagliare del Tronto • Palena "Javier Zanetti" • Palermo "G. Facchetti" • Paliano "A. Moratti" • Palma Montechiaro • Palmanova • Pannarano "G. Facchetti" • Parabiago • Parigi Nerazzurra (Francia) • Parlamento (Roma) • Parma • Pasiano • Pasticcio • Paularo • Pavia • Pavullo nel Frignano • Pazza Inter Casalmaiocco • Peccioli • Pechino (Beijing, Cina) • Pegaso (San Giorgio Piacentino, Pc) • Penisola Sorrentina (Meta di Sorrento, Na) • Penne • Pennella • Pergine Valsugana • Pergola • Perla Nerazzurra (Rogeno, Lc) • Pescara • Peschiera Borromeo • Pescopagano "M. Corso" • Petralia Sottana • Piazza Armerina • Piedimonte Matese "Niki Paterno" • Piedimonte San Germano "M. Moratti" • Pietra Ligure • Pietradefusi "G. Facchetti" • Pieve di Coriano • Pieve Emanuele • Pignola • Pilade (Cologno Monzese, Mi) • Pineto • Pisa • Podenzano • Poggiardo • Poggibonsi "I. Zamorano" • Polignano a mare • Ponchiera • Ponte a Moriano • Ponte Priula "G. Bergomi" • Pontedera • Pontinia • Pontremoli Nerazzurra • Porcia • Porto Ceresio • Porto Empedocle "Giacinto Facchetti" • Porto San Giorgio • Porto Sant'Elpidio • Porto Torres • Portobuffolè • Portogruaro "A. Moratti" • Portorecanati di Loreto • Potenza • Potenza Picena • Povegliano • Pozzonovo • Pralboino • Pramaggiore "A. Picchi" • Pulsano • Pusteria-Pustertal di Brunico • Putignano • Quiliano • Quinto di Treviso • Raffadali • Ramacca • Randazzo "G. Bergomi" • Rapallo "G. Meazza" • Rapolano "Crete Senesi" • Ravanusa "M. Moratti" • Ravenna "R. Scarpini" • Recanati • Reggio Calabria • Reggio Emilia Neroazzurra "G. Meazza" • Rescaldina • Ressaix "B. Bergomi" (Hainaut Ressaix, Belgio) • Rheintal (St. Margrethen, Svizzera) • Rho "Vanni Turconi" • Riccione Nerazzurra • Rimini • Rionero in Vulture "S. Mazzola" • Riva del Garda • Rivolta d'Adda • Rocca Imperiale "Massimo Moratti" • Roccagorga • Roccaspinalveti • Roccella Jonica • Rodano • Rodi Garganico • Rogliano "E. Ambrogio" • Rogoredo • Rolo • Roma 11 Stelle • Roma Nerazzurra • Rosà • Rosarno • Rosolini • Rossano "Giacinto Facchetti" • Rotonda • Rovellasca • Rovigno Nerazzurra (Croazia) • Rovigo Nerazzurra • Ruda • Ruffano "G. Bergomi" • Ruvo di Puglia • Sabaudia • Sabbioneta • Salemi • Salerno • Salina "Massimo Moratti" • Sambiase • Sambuceto • Samugheo-Neoneli • San Calogero • San Casciano Val di Pesa • San Donà di Piave • San Fele "W. Zenga" • San Gallo (Svizzera) • San Giorgio di Nogaro • San Giorgio Jonico "J. Zanetti" • San Giorgio Lucano • San Giovanni in Fiore • San Marino 2003 • San Pancrazio • San Pellegrino Terme "A. Moratti" • San Pietro Nerazzurra • San Polo d'Enza • San Salvo • San Secondo • San Severo • San Stino di Livenza • San Vito al Tagliamento • Sannazzaro "G. Bergomi" • Sanremo Club Interisti • Sant Elia • Sant'Arcangelo • Sant'Arpino "Angelo Moratti" • Sant'Elia Fiumerapido • Sant'Elpidio a mare • Sant'Ilario d'Enza • Santa Croce Camerina "A. Moratti" • Santa Croce sull'Arno (ex Valdarno) • Santa Margherita • Santa Margherita Ligure • Santeramo in Colle "P. Prisco" • Santo Stefano di Rende "Il Capitano" • Sarca • Sarno • Saronno • Sarzana • Sassari • Sassuolo • Savona • Scafa • Scalea • Scanno • Schiavi d'Abruzzo • Schiavonea • Schoenenwerd (Svizzera) • Sciacca Terme • Scorrano • Seggiano • Segrate • Senago Nerazzurra • Senise "G. Bergomi" • Sennori • Senorbì "Giacinto Facchetti" • Seregno "Gallo d'Oro" • Serenità Nerazzurra (Milano) • Serra di Falco • Serra San Bruno "W. Zenga" • Sesto Calende • Sesto Fiorentino • Settimo Milanese • Sezze • Shanghai (Cina) • Silvi Marina • Siracusa • Sirmione • Solbiate Olona • Solesino • Solofra • Somma Lombardo "A. Moratti" • Sommacampagna "M. Corso" • Soncino • Soriano Calabro "G. Facchetti" • Sorso Nerazzurra • Soverato "G. Bergomi" • Sovico • Spilimbergo "W. Zenga" • Spoleto Nerazzurra • Sportime (Milano) • Spotorno • Squinzano • Stato Maggiore Esercito "P. Prisco" (Roma) • Statte • Stella d`Oro (Chiesina Uzzanase, Pt) • Stevenà di Caneva • Stezzano • Stornarella "G. Fiacchetti" • Stradella "R. Vecchioni" • Sturno "Angelo Moratti" • Sud Africa (Johannesburg, Sud Africa) • Sulmona • Sutri "P. Prisco" • Suzzara • Sydney (Australia) • Tagliamento • Taranto • Tartufo d'Oro (Asti) • Taurisano • Tavarnelle-Barberino • Taverna "Taverna 98" • Tempio Pausania • Tergeste • Terlizzi "M. Moratti" • Termini Imerese "M. Moratti" • Termoli • Terranova da Sibari "Enrico Cucchi" • Terranova di Pollino • Tessano "Giacinto Facchetti" • Tirano • Tito • Tivoli • Toirano • Tolentino Veleno • Torino • Torino "La Mole" • Torino Nerazzurra • Toronto "P. Prisco" (Woodbridge, Ontario, Canada) • Torpè "Peppino Prisco" • Torre Annunziata • Torre del Greco • Torre di Mosto • Tradate "Adriano for ever" • Trapani • Tre Valli Sovere • Trebisacce "P. Prisco" • Trento • Treviglio • Treviso • Trezzo sull'Adda • Trieste (ex Numberone) "P. Prisco" • Tufillo • Tursi • Tuturano "G. Bergomi" • Ucria "M. Moratti" • Ugento • Umbertide • Ungheria (Budapest, Ungheria) • Urgnano • Vaccarizzo Albanese "Francesco Milanese" • Vado Ligure • Vairano "Fede Nerazzurra" • Val Bisenzio (Prato) • Val Borbera (Cabella Ligure, Al) • Val di Non (Cles, Tn) • Val Di Sole (Vermiglio, Tn) • Val Nervia (Pigna, Im) • Val Rendena (Spiazzo, Tn) • Val Venosta (Resia Curon, Bz) • Valassina • Valbrona • Valcellina • Valchiavenna • Valdarbia Nerazzurra • Valdarno (ex Montevarchi) • Valdinievole • Valenza Po • Valle Camonica Cividate • Valle d'Aosta (Verres) • Valle dei Fiori (Pescia, Pt) • Valle Imagna (Sant'Omobono Imagna, Bg) • Valle Vigezzo (Craveggia, No) • Valledoria • Valmalenco • Valona (Albania) • Valsesia Nerazzurra "R. Scarpini" (Varallo Sesia, Vi) • Valtaro (Compiano, Pr) • Valtidone (Castel San Giovanni, Pc) • Valtournenche • Vanzaghello Neroazzurra • Varese • Varese città • Velate Milanese • Venezia "Serenissima" • Venezuela (Maracay, Venezuela) • Venosa • Ventimiglia • Verbania • Verderio • Vergate sul Membro (Milano) • Verolanuova • Versilia Nerazzurra (Capezzano Pianore, Lu) • Vevey Nerazzurri (Svizzera) • Via Fara (Milano) • Viale Mazzini (Roma) • Viale Ungheria "E. Pellegrini" (Milano) • Viareggio • Vibo Valentia "J. Zanetti" • Vibrata • Vicenza N/A - "Roberto Scarpini" • Viggianello • Viggiù • Vigolo • Villa d'Agri • Villa del Conte • Villabate • Villacidro "R. Scarpini" • Villasanta • Villesse • Vimodrone • Viterbo • Vittoria "G. Bergomi" • Voghera • Volketswil "W. Zenga" (Svizzera) • Vomano • Yokohama (Kanagawa, Giappone) • Zagarolo (ex San Cesareo) • Zofingen (Svizzera) • Zugo (Svizzera) •

Da sinistra: Beppe Baresi, Daniele Bernazzani, Rui Faria, Marco Branca, José Mourinho, Lele Oriali, Andrea Butti, Franco Combi, Andre Villas Boas, Silvino, Giorgio Panico.

"Tutti importanti allo stesso modo: dall'allenatore in seconda al magazziniere, io senza di lui non avrei vinto il campionato, non l'avrei vinto senza il mio vice allenatore, senza il dipartimento medico, senza lo staff della sicurezza, senza il cuoco, senza le persone che si occupano delle pulizie. Spero di avere l'opportunità nell'ultima partita della stagione di entrare in campo con tutti loro, perché da solo non ci vado".

José Mourinho, prima di Inter-Atalanta